常读常新
经典故事系列

名垂宇宙：诸葛亮的故事

杨 益◎著

华中科技大学出版社
http://press.hust.edu.cn
中国·武汉

图书在版编目（CIP数据）

名垂宇宙：诸葛亮的故事 / 杨益著. —武汉：华中科技大学出版社，2023.9
（常读常新经典故事系列）
ISBN 978-7-5680-9982-0

Ⅰ.①名… Ⅱ.①杨… Ⅲ.①诸葛亮（181-234）—生平事迹—青少年读物 Ⅳ.①K827=362

中国国家版本馆CIP数据核字（2023）第176922号

名垂宇宙：诸葛亮的故事　　　　　　　　　　　　　　　　杨益 著
Ming Chui Yuzhou: Zhugeliang de Gushi

总 策 划：亢博剑	
策划编辑：刘　静	
责任编辑：陈　然	
封面设计：琥珀视觉	
责任校对：张会军	
责任监印：朱　玢	
出版发行：华中科技大学出版社（中国·武汉）	电话：（027）81321913
武汉市东湖新技术开发区华工科技园	邮编：430223
录　　排：孙雅丽	
印　　刷：湖北新华印务有限公司	
开　　本：880mm×1230mm　1/32	
印　　张：5.5	
字　　数：110千字	
版　　次：2023年9月第1版第1次印刷	
定　　价：36.00元	

本书若有印装质量问题，请向出版社营销中心调换
全国免费服务热线：400-6679-118　竭诚为您服务
版权所有　侵权必究

目 录

第一章　诸葛亮出山

- 第一节　诸葛亮的祖先和家庭 / 1
- 第二节　乱世隐居卧龙岗 / 4
- 第三节　诸葛亮娶丑媳妇 / 11
- 第四节　诸葛亮寻明主 / 15
- 第五节　三顾茅庐与三分天下 / 19

第二章　促成三分天下

- 第一节　诸葛亮指点刘琦 / 23
- 第二节　兵败当阳入东吴 / 26
- 第三节　促联盟火烧赤壁 / 32
- 第四节　治三郡蒸蒸日上 / 36
- 第五节　守荆州与取益州 / 39
- 第六节　诸葛亮治理益州 / 45

第三章　蜀汉建国与白帝城托孤

- 第一节　刘备当上汉中王 / 52
- 第二节　荆州传来的噩耗 / 58
- 第三节　诸葛亮当丞相 / 63
- 第四节　白帝城托孤 / 67
- 第五节　诸葛亮辅佐刘禅 / 72

第四章　诸葛亮重整基业

- 第一节　依法治国和以德治国 / 79
- 第二节　选拔人才与管理刺头 / 85
- 第三节　恢复吴蜀同盟 / 93
- 第四节　诸葛亮七擒孟获 / 99
- 第五节　诸葛亮上《出师表》/ 105

第五章　北伐中原

- 第一节　声东击西开好局 / 112
- 第二节　失街亭一伐兵败 / 119
- 第三节　二次北伐斩王双 / 126
- 第四节　三次北伐取二郡 / 130
- 第五节　四次北伐败郭淮 / 134
- 第六节　五次北伐射张郃 / 137
- 第七节　五丈秋风终星落 / 145

第六章　诸葛大名垂宇宙

- 第一节　诸葛亮的身后事 / 153
- 第二节　刘备庙变成武侯祠 / 158
- 第三节　历代推崇诸葛亮 / 161
- 第四节　文艺作品中的诸葛亮 / 165

第一章

诸葛亮出山

第一节 诸葛亮的祖先和家庭

《三国演义》是我国四大名著之一，书中本领最大的人物，要数蜀汉丞相诸葛亮了。在《三国演义》中，诸葛亮神机妙算，举世无双，有种种神奇的表现，几乎达到了"活神仙"的水准。历史上的诸葛亮真有这么厉害吗？咱们这本书，讲的就是历史上真实的诸葛亮。

诸葛亮生在琅邪郡阳都，在今天的山东省。

诸葛亮的祖先是秦朝末年的起义军将领葛婴。公元前209年，因为秦二世昏庸残暴，老百姓被欺压得活不下去，陈胜、吴广忍无可忍，发动了大泽乡起义，反抗秦朝。葛婴参加了起义军，成为陈胜麾下的一员大将。陈胜派葛婴去攻打九江，葛婴在那里遇见了战国七雄中楚国王室的后裔襄强。他为了更好地团结楚地的军民，没向陈胜请示，就拥立襄强为楚王。谁知不久消息传来，陈胜自己称王了。葛婴发现自己惹了麻烦，只好杀了自己拥立的楚王襄强，去向陈胜认错请罪。陈胜想，你闯了这么大祸，认错就完了？就杀了葛婴。

几年后，汉高祖刘邦推翻秦朝，打败项羽，建立了汉朝。

刘邦的儿子汉文帝在位时，觉得葛婴也算在反秦战争中出了一把力，就把葛婴的后人封在了山东诸县（在今山东省诸城市）。从此，这个家族改姓诸葛。

又过了一百多年，到汉元帝的时候，诸葛家族出了一位诸葛丰。诸葛丰学问很好，曾先后担任司隶校尉、光禄大夫等官职。他执法公正，皇帝的宠臣犯了错，他也要严厉惩罚，一点不给皇帝面子。这样铁面无私的人往往容易得罪人，诸葛丰也因此得罪了汉元帝，先被降职为城门校尉，后来又被罢免了官职，郁郁而终。诸葛丰虽然仕途不顺，但总算成为名臣，讲西汉王朝的史书《汉书》专门给他立了传。

又过了二百余年，就到了东汉末年，诸葛亮出生的时代。

诸葛亮出生在东汉光和四年，也就是公元181年。诸葛亮的父亲叫诸葛珪，当着泰山郡丞的官。诸葛珪一共有三个儿子、两个女儿，诸葛亮排行第四，上面有哥哥诸葛瑾和两个姐姐，下面有一个弟弟诸葛均。

这几个孩子很不幸。诸葛亮还小的时候，母亲就去世了，随后没几年，父亲诸葛珪也病死了，诸葛家的五个孩子从此成为孤儿。幸亏诸葛珪的弟弟，也就是诸葛亮他们的叔叔诸葛玄还在，帮忙抚养了这几个孩子。

父母去世，只是诸葛亮一家的悲剧。而当时，全天下的老百姓都被更大的悲剧笼罩着。

就在诸葛亮出生的年代，东汉王朝已经进入末期。当时的皇帝是著名的昏君汉灵帝，他只知道吃喝玩乐，胡作非为，而且放纵自己身边的太监欺压良善，横行跋扈。汉灵帝的母亲董太后和妻子何皇后，都是没什么本事、野心却不小的人。她俩都争着发展自己的势力，相互斗争，把朝廷搞得乌烟瘴气。都城之外的各州各郡，地主、权贵肆意地欺压百姓、霸占土地。再加上天灾不断，边境的少数民族也经常入侵中原。多方面的原因，搞得东汉民不聊生。聪明人都在担心：要不了多久，这个王朝就要走向崩溃了。

就在诸葛亮出生的这一年，皇宫中，汉灵帝的一位妃子王美人，也生下了一个儿子，叫刘协。这个孩子后来当了皇帝，就是东汉的最后一任皇帝——汉献帝。汉献帝和诸葛亮同一年生，同一年死。虽然他的身份比诸葛亮尊贵，但在历史上的影响力远远不如诸葛亮。

从诸葛亮和刘协出生的这一年开始，天下逐渐混乱起来，大家所熟知的"三国乱世"到来了。

三国时期是从哪年到哪年？

历史上的"三国时期"指的是魏国、蜀国、吴国三个国家三分天下的一段时期。严格来说，应该从公元220年曹丕自称皇帝，东汉被曹魏取代开始，到公元263年蜀汉完全被曹魏灭掉为止。按照这个时期划分，曹操、关羽等人都死在三国时期开始之前。不过，一般人谈论的三国时期，往往把东汉末年那一段群雄混战的时期也算进去，从公元184年黄巾起义或公元

190 年群雄讨伐董卓开始算起。至于三国时期的结束,也有人后延到公元 265 年西晋取代曹魏,或者公元 280 年西晋灭吴国。

第二节　乱世隐居卧龙岗

东汉光和七年（184 年）,诸葛亮刚刚四岁,天下开始大乱了。

咱们这本书里说一个人物多少岁,是按中国古代的传统方法,算虚岁。所谓虚岁,就是一个人生下来就算一岁,过一次年就加一岁,和他哪一天过生日没有关系。诸葛亮生于 181 年,到 184 年他已经过了三次春节,所以是虚岁四岁。而现代生活中我们一般算周岁,就是生下来算零岁,过一次生日才加一岁。同一个人,他的虚岁通常比周岁要多一至二岁。

就在这一年,中国爆发了轰轰烈烈的黄巾起义。各地的农民长期饱受地主豪绅的欺负,忍无可忍,在宗教首领张角等人的率领下揭竿而起。他们头上包着黄色的头巾,手里拿着各种武器,喊着"苍天已死,黄天当立,岁在甲子,天下大吉"的口号,企图推翻汉朝统治。最终,黄巾起义被东汉朝廷派出的官兵镇压下去,张角病死,他的两个弟弟被杀。

第一章 诸葛亮出山

战争使得东汉王朝生灵涂炭，也动摇了东汉王朝的统治。单凭东汉朝廷的军队无法镇压起义军，朝廷被迫让各地的地主豪强、官员将领自行招募军队去镇压，这造成了地方势力的崛起。张角兄弟死后，黄巾军的余部继续在各地反抗了数十年。同时，朝廷的腐败更胜过去，东汉王朝摇摇欲坠。

中平六年（189年），汉灵帝病死，他的儿子汉少帝刘辩继位，年仅十七岁。这个小皇帝，根本没法管理国家。他身边的权贵们又展开了激烈的权力斗争。先是汉少帝的母亲、汉灵帝的妻子何太后，与何太后的哥哥大将军何进联合，杀死了汉灵帝的母亲董太后。接着何进想要杀死宦官首领十常侍，反而被十常侍所杀。何进部下的将军袁绍等人又杀了十常侍。这么杀来杀去，就给了其他野心家机会。大军阀董卓带兵进入洛阳，用武力控制了朝廷。董卓杀死汉少帝刘辩，扶持刘辩同父异母的弟弟刘协继位，也就是汉献帝。

袁绍等人逃出都城，联合关东（函谷关以东地区）各州郡的诸侯起兵。他们最开始打着联合讨伐董卓的旗号，可是很快这些人又相互残杀起来了。一方面，他们割据一方，争夺地盘；另一方面，董卓为了躲避关东军阀们的锋芒，把都城从洛阳迁到西边的长安。他派军队强迫百万民众一起搬迁，沿途死伤无数。他还纵兵杀人放火，把原本繁华富饶的洛阳地区变成了一片荒丘。董卓跑到长安后没两年，被自己的大将吕布杀死。吕布转头又被董卓的部将李傕、郭汜等人打败，被赶出了长安。这以后的十多年时间里，大半个中国都陷入了战乱中。

东汉末年军阀混战的大致情况

在黄河以北的地区,袁绍从韩馥手中抢走了冀州,公孙瓒杀了他的上级刘虞,独霸幽州(今河北北部和辽宁西部),双方争战了好几年,袁绍在建安四年(199年)消灭公孙瓒,统一今河北地区。

黄河以南的中原地带,陷入曹操、袁术、吕布、刘备等大小军阀的混战中,最终曹操脱颖而出。他从吕布手中夺回了兖州,又打败李傕、郭汜,把汉献帝迎到自己控制下的许城,从此"挟天子以令诸侯"。随后曹操消灭了吕布、袁术等,赶走刘备,完全占领了中原地区。

建安五年(200年),统一北方的袁绍和统一中原的曹操展开官渡之战,曹操获胜。建安七年(202年)袁绍病死,曹操又用了五年时间消灭袁绍的残余势力,在建安十二年(207年)统一了整个北方地区。

在南方,原本属于袁术部下的孙策带着一支军队占领了江东地区(今江苏南部、浙江、江西东部),成为一个独立势力。建安五年(200年),孙策去世,其弟孙权继位,与占据荆州的刘表长期对峙。 ·小贴士·

天下打得这么乱,最遭殃的自然是老百姓。很多人在战乱中直接被杀了。战争还破坏了农业生产,引发了饥荒,遍地的尸体又造成瘟疫流行。除了死于战火、饥荒和瘟疫之外,活下来的人要么被军阀们强行编入军队,要么被逼着像奴隶一样劳动,流血流汗生产出粮食和物资,供养官吏和士兵,填补战争的血盆大口。

诸葛亮的故乡琅邪郡,当时属于徐州,也免不了遭到祸害。曹操的父亲曹嵩在初平四年(193年)被徐州牧陶谦的部将张闿杀害,曹操又伤心又愤怒。为了给父亲报仇,他出兵攻打徐州,所到之处大肆屠杀徐州的老百姓,第二年曹军一路杀到琅邪、东海,诸葛亮的故乡被杀得血流成河。

诸葛亮的童年,就是在这样悲惨和恐怖的环境下度过的。

这时候,诸葛亮的叔父诸葛玄被任命为豫章郡的太守,他带着诸葛亮和他的两个姐姐,还有弟弟诸葛均一起去上任。诸葛亮的大哥诸葛瑾留在老家奉养继母,后来辗转去了江东地区,成为东吴孙氏的重臣。

豫章在今天江西省北部南昌一带。当时南方的战乱比北方稍微少一点,但也不是完全太平无事。在动荡中,叔父诸葛玄丢了官职,没多久也去世了。在公元197年左右,诸葛亮他们姐弟四人搬迁到了荆州,在"卧龙岗"隐居。

荆州和卧龙岗

荆州是东汉时期的一个大州,管辖范围包括今天湖北、湖南两省,以及河南、江西省的一部分。诸葛亮居住的卧龙岗的具体地点,有人说是湖北襄阳一带,有人说是河南南阳一带,总之大致在湖北和河南的交界处。 *小贴士*

诸葛亮到荆州的时候，是十七岁左右，相当于今天的高中生。少年诸葛亮当时已经和全国千百万老百姓一样，吃尽了乱世的苦头。这些经历也让他成熟起来。

定居荆州之后，诸葛亮姐弟总算是暂时得到了安宁。荆州在刘表的统治下，受到战火的波及相对较少。诸葛亮也就在这块土地上，度过了人生中最悠闲快活的十余年时间。他"躬耕于陇亩"，埋头种地。当然，这不是说诸葛亮跟普通农民伯伯一样，成天起早贪黑，面朝黄土背朝天，累得筋骨酸痛。诸葛亮毕竟出自一个名士家族，有地位、有学问，也比一般老百姓有钱，吃穿是不愁的。他到田间进行劳动，更像是读书之余的锻炼和调剂，借此活动一下筋骨，也体会一下民间的辛劳。

更多的时候，诸葛亮一边读书学习，一边和当地的其他名士交流。由于荆州战乱较少，当时中原的很多名士都来此地避难。诸葛亮和他们交流，既能增长知识，也可以积累人脉和名声，通俗来说就是提升自己的实力，最终来实现自己的志向。

诸葛亮不但出自琅邪诸葛氏这一名门，而且又高又帅。史书记载他身高八尺（东汉八尺大约相当于今天的一米八几），姿容甚伟。他头脑聪明，学问也相当不错，因此很快融入了荆州名士们的圈子，得到了大家的认可。

当时荆州名士中有一位德高望重之人叫庞德公。他是个标准的隐士，带着妻子在今湖北襄阳郊外种地，过着怡然自得的田园生活。荆州牧刘表曾经亲自来请庞德公出山做官。刘表说："您有这么大的才能，应该出来帮助天下的老百姓啊。您自己就算粗茶淡饭,总要挣点俸禄(当官的工资)留给您的子孙吧。"庞德公笑道:"只要大家各安其位,哪里需要谁来帮助呢?至于子孙,上古尧、舜两位君主都把君位传给了其他人,所以他们的后人作为老百姓平安度过一生;而大禹、商汤夺取了江山,他们的后代夏桀、商纣王却最终亡国身死。所以留俸禄给儿孙没什么好处啊。"刘表只好叹息而去。

庞德公不愿意做官,却非常喜欢和名士们往来,而且热衷于给人取外号。

另一位名士大佬叫司马徽,字德操。这个人最出名的是善于鉴别人才。不过在很多时候,别人问他什么事,他都是一句话:"很对,很好!"时间一长,他就得了个"好好先生"的外号。某一天他的妻子忍不住了,对他说:"别人有疑问才请您解答,您怎么能什么都说好呢?这样太不负责任了。"司马徽回答:"娘子说得很对,很好!"气得他妻子半死。但这种敷衍只是对普通人,司马徽对他真正看重的人,还是会给予帮助。

庞德公给司马徽取的外号是"水镜",俗称"水镜先生"。两人关系非常好,好得跟一家人似的。有次庞德公出门办事,司马徽忽然到庞家,说有客人要来。他大摇大摆走进客厅,指挥庞德公的妻子和家人一阵忙碌准备饭菜,司马徽自己坐在堂屋里准备接待客人。过了一会儿,庞德公回来,简直搞不清这到底是谁的家了。

还有一位庞统,字士元,是庞德公的侄儿。《三国演义》

说庞统相貌极为丑陋，历史上的庞统确实其貌不扬，大家都不拿他当回事，只有庞德公很欣赏这个侄子，打发他去司马徽那里蹭个评语。司马徽和庞统谈了一番后，惊呼："庞德公真有眼力！你果然是个天才！"

那时候，被名气大的人一点评，就跟现在微博、公众号被明星大V转发一样，人气噌噌往上蹿。于是庞统声名鹊起，他也开始评点其他士人。《三国演义》里的庞统脾气倔强，说话刻薄，但历史上的庞统正好相反。他学习"好好先生"司马德操的风格，评点别人时总是满口好听的，夸大对方的才德，有五分说十分。有人质疑，你这不是瞎说吗？庞统认真地回答："我把人说得好一些，至少可以让被夸的人有自信，让其他人仰慕他，这样也可以鼓励他进步，引人向善嘛。"庞德公给庞统取的外号是"凤雏"，也就是小凤凰。

至于诸葛亮，他的年龄比司马徽和庞统都小，当时名气和地位也不如他们。庞德公给诸葛亮取的外号是"卧龙"（又叫"伏龙"）。趴在地上的龙，看上去软软的不起眼，一旦腾飞起来，那可了不得。

诸葛亮还有一班朋友，比如崔钧（崔州平）、石韬（石广元）、孟建（孟公威）和徐庶（徐元直）等人。年轻的诸葛亮从他们那里学到了不少东西。

河北人崔州平是太尉崔烈的儿子，出身豪门，还曾参加过讨伐董卓的战争，他家学丰厚，本人经历也很丰富。他曾多次指出诸葛亮的不足，后来诸葛亮还对其念念不忘。河南人徐庶曾经当过"剑侠",后来弃武从文,身上有股子江湖人士的沧桑感。从他身上,诸葛亮自认也学到了很多东西。诸葛亮行事一贯谨慎,而徐庶作为剑侠,身上的那种果断的气质,大概是诸葛亮较为缺乏的吧。

就在和这些名士的交往中,诸葛亮长到了二十多岁,该娶媳妇了。大帅哥诸葛亮又会娶一个什么样的女子呢?

第三节　诸葛亮娶丑媳妇

当时,荆州地区最大的领导者是荆州牧刘表。当地还有几家豪门,其中以蔡氏、蒯氏家族最为强大。当初刘表接受朝廷任命,单枪匹马到荆州上任,就是在蔡瑁、蒯越、蒯良这些人的帮助下镇压了不肯服从的豪强,一举拿下荆州的。用现在的话说,蔡氏、蒯氏是和刘表一同扛过枪的战友。蔡氏的当家人蔡瑁,小时候和曹操是哥们,他的姑姑嫁给了太尉张温,后来刘表的妻子死了,蔡瑁又把妹妹嫁给刘表当继妻,自己成了荆州牧的大舅子。后来,蔡瑁的侄女又嫁给了刘表的次子刘琮,蔡瑁还和刘表的外甥张允往来密切。蔡瑁俨然成为荆州地区的"二大王"。蒯氏的当家人蒯越,据说祖上是韩信的谋士蒯通。蒯氏的地位不如蔡氏,但在荆州也是名权颇重。

诸葛亮他们姐弟几人到荆州,当然要和当地的势力搞好关系。古代搞好关系最直接的法子就是双方家族缔结婚姻。诸葛亮的大姐嫁给了荆州当地实权派蒯越的侄儿蒯祺，诸葛亮的二姐嫁给了庞德公的儿子庞山民。

这时候，诸葛亮自己也到了该谈婚论嫁的年龄。名士圈子里的一位长者黄承彦，直截了当地对诸葛亮说："听说你准备结婚了。我有个女儿，黑脸膛，黄头发，样子很丑，但是学问很好，跟你正般配，不知你意下如何？"诸葛亮一口答应，把这位丑媳妇娶回了家。黄夫人的名字史书没有记载，民间通常叫她黄月英。

大帅哥娶了丑媳妇！这件事很快成为当地群众茶余饭后的谈资。人们纷纷嘲笑诸葛亮，还编了歌谣来传唱，诸葛亮却怡然自得。

诸葛亮明明是个大帅哥，为啥偏要娶丑媳妇呢？后世大致有两个说法。

一说诸葛亮娶丑女，主要是为了攀高枝。因为黄承彦的妻子、黄月英的母亲是蔡瑁和蔡夫人的姐妹。换言之，刘表是黄月英的姨父。诸葛亮娶了丑女，就和蔡瑁、刘表搭上了亲戚关系，大有好处。

一说诸葛亮娶妻就是"娶贤不娶色"，看重的是黄夫人才德兼备的人品。他本人有远大的志向，得到黄月英这位贤内助自然大有好处。诸葛亮并不是贪慕岳父家的权势，他后来也没借助刘表、蔡瑁的亲戚关系，在荆州谋个一官半职。

其实，诸葛亮本人可能没想那么复杂。黄月英出身名门，门当户对；虽然长得丑，学问却很好，这两方面都满足了诸葛亮娶媳妇的要求，加上黄老前辈亲自提亲，那就结婚一起过日子呗，不必纠结那么多。

结婚后，诸葛亮继续在卧龙岗过他的小日子。读书，学习，走访四方，思考天下大事。

一晃，诸葛亮已经二十七岁了。这个年龄在古代其实已经不小了。东汉末年的几位著名英雄，孙坚十七岁就起兵讨叛，曹操二十岁便当上洛阳北部尉，刘备二十多岁就带兵镇压黄巾军，三十岁以前当上县令。孙策、周瑜更是在二十多岁就已率兵打下整个江东地区。而诸葛亮依然没有一官半职，以平民的身份，隐居在茅庐中。

二十余年后，诸葛亮在给刘禅的《出师表》中说，他当时"苟全性命于乱世，不求闻达于诸侯"，意思是他老老实实在荆州做个隐士就成了。这未必是真心话，可能只是谦虚。毕竟诸葛亮当时才二十多岁，正是血气方刚的时候。要说他一开始就打定了终老林泉不问世事的念头，或许符合那时候流行的"隐逸恬淡"之风，却太消极了。

说诸葛亮不是真心想隐居，还可以从他当时自比为管仲、乐毅看出来。管仲是春秋时齐国的贤相，辅佐君主齐桓公称霸诸侯；乐毅是战国时燕国的名帅，带领五国联军，差点灭掉强大的齐国。诸葛亮自比这两位，口气还是很大的。史书记载"时人莫之许也"，大家都不信他这么有能耐。唯有他的好朋友崔州平、徐元直等把他这话当真。一个二十多岁的年轻人说下这样的大话，旁人不相信是正常的。但诸葛亮自己既然把大话说出来了，那么他当然是不打算真的当一辈子隐士的。还有一次，诸葛亮和徐庶、石韬、孟建他们聊天，评价他们说："你们几位老兄，当官大概可以当到州、郡（相当于省级和地市级）这个级别。"徐庶他们反问诸葛亮："那你呢？"诸葛亮笑而不语。这说明诸葛亮心中是有长远打算的。

诸葛亮的打算是什么？那就是"兴复汉室"。

当时的中国战乱不止，民不聊生。为什么会这样凄惨？在诸葛亮看来，究其本源就是大汉朝廷本身处于混乱中，国家秩序和社会制度被破坏，各地军阀凭借武力为所欲为，老百姓也就成了任人宰割的鱼肉。要想消除这种灾难，只能"重振朝纲，兴复汉室"，恢复中央政权的地位，重建政治、军事和社会秩序。

诸葛亮本人，曾经切身体会到乱世给民众带来的惨痛命运。因此他想要辅佐一位贤明的君主安定天下，从乱世之中再造太平。要实现这样宏伟的志向，不仅需要自身的才能和努力，还需要很多外因推动。比如，首先你得找到一位明主，对吧？

心怀壮志的诸葛亮并不着急。过去二十余年，他经历了许多波折。他不必赶着去立下功名，光宗耀祖。他只是静静地等待、积累，考察山川河流，接触民生，积累知识和拓展人脉。

他后来在《诫子书》中说："静以修身，俭以养德，非淡泊无以明志，非宁静无以致远。"在荆州的诸葛亮，确实有这样的条件。草庐攻读，垄亩躬耕，这是修身养德。而诸葛亮的满腹学问，也就在这不紧不慢的淡泊与宁静中，积淀得日渐深厚，直到遇上命中的明主。

第四节　诸葛亮寻明主

建安十二年（207年），诸葛亮二十七岁。他只是一个隐居的名士，自己没有军队，没有地盘，也没有当官打仗的经验，不可能靠自己白手起家打天下。他要实现兴复汉室、安定百姓的志向，必须选择一位君主辅佐。

当时，曹操已消灭袁绍的残余势力，平定北方。汉末战乱最惨烈的那一段时期已经过去，割据天下的诸侯，比十余年前减少了一大半。能够成为诸葛亮选择目标的，大概也就剩下这么几家了。

首先是最近的荆州老大刘表。刘表是汉室宗亲，当年孤胆取荆州，也算智勇双全。他占据的荆州，包括今天湖南、湖北两省和河南省、江西省的一部分，多年来战乱较少，比较富庶。刘表还是诸葛亮的妻子黄月英的姨父。诸葛亮如果想在刘表手下当官，可谓易如反掌。

但诸葛亮没有去。为什么呢？一来，刘表年老多病，缺少进取心，只想守住荆州这一亩三分地。二来刘表自己的家务事一团乱麻。他的两个儿子，老大是刘琦，老二是刘琮。后来刘表的妻子死了，娶继妻蔡夫人。刘琮则娶了蔡夫人的侄女，从而得到继母蔡夫人和舅舅蔡瑁的全力支持。在荆州，刘琦、刘琮各有一帮势力，蔡瑁等豪门手握大权，相互争斗。这样一种环境，诸葛亮就算当了官，也很难实现自己的志向。

第二个选择，就是当时实力最强大的曹操。曹操本人的才能，在汉末军阀中数一数二。当时已经"三分天下有其二"，地盘大，军队多，麾下有不少文臣武将，还把皇帝刘协牢牢攥在手心。那么，诸葛亮为什么又没去呢？这主要也有两方面的原因。

一方面，曹操的统治风格太霸道。他从建安元年（196年）把汉献帝迎接到许城之后，飞扬跋扈，一手把持朝政，对不听话的大臣想杀就杀，想免就免，汉献帝沦为彻底的傀儡。到建安五年（200年），汉献帝的岳父董承企图除掉曹操，反被曹操所杀，曹操还进宫把董承的女儿董贵妃杀了。在当时的天下人看来，曹操欺负皇上，就是"托名汉相，其实汉贼"。诸葛亮的志向是要恢复汉朝秩序，他是无法接受曹操这种政治立场的。

另一方面，曹操太残忍。曹操写的诗里有悲天悯人、同情战乱下的百姓的一面，但这只是嘴上说说而已。打起仗来，曹操屠城、杀降，眼都不眨。他为报父仇攻打徐州时，还把诸葛亮的家乡琅邪郡也给屠了。这一点，也让诸葛亮没法释怀。

所以，诸葛亮不可能投奔曹操。相反，他认为曹操是一个必须打败的"大魔王"。

第三个可选择的是江东统治者孙权。孙权比诸葛亮还小一岁，手下人才不少，包括周瑜、鲁肃这样锐意进取、文武双全的年轻臣子。诸葛亮的哥哥诸葛瑾也在孙权手下。诸葛亮若去孙权那里应该是没什么问题的。

那诸葛亮为什么不投孙权呢？据说张昭曾经向孙权推荐诸葛亮，诸葛亮拒绝了，理由是他在孙权手下不能完全发挥出才干。这也有些道理。孙权作为一个少年英雄，他对待部下的气量不够大，所以诸葛亮最终也没去东吴。

除了这三家之外，其他诸侯，益州（四川）的刘璋懦弱无能，连自个的手下都管不好；凉州（甘肃武威）的马超、韩遂有勇无谋，残暴短视；至于辽东的公孙氏、汉中的张鲁、岭南的士燮等，更是成不了气候。

数了一圈，天下诸侯适合诸葛亮的，也就只剩下大家熟知的那位"大耳朵"刘备了。

《三国演义》里的刘备好像只会哭鼻子，但其实历史上真实的刘备要厉害得多。老对手曹操在"煮酒论英雄"时曾对刘备说，天下英雄只有他和刘备二人，袁绍之类根本不算什么。后来曹操又评价说，刘备的水平和他差不多，就是智谋方面稍微迟钝一点。

刘备性格果决，敢作敢当。当初镇压黄巾起义时，有一次他所在的军队全军覆没，他躺在尸体堆里装死人才逃过一劫。后来他当安喜县尉时，遭到上级派来的督邮（纪检人员）刁难，刘备直接把督邮绑起来打了一顿。

刘备也很能打仗。从他二十多岁参加镇压黄巾起义算起，戎马生涯半辈子，作战经验丰富。他多次输给曹操，依然不屈不挠。他也打过很多胜仗，曹操手下的蔡阳、车胄、刘岱、王忠，包括赫赫有名的夏侯惇和于禁都曾败在他手下。火烧博望坡也是刘备的壮举。

刘备尤其具备人格魅力。无论是有权有势的官员，还是名士、豪杰乃至一般平头百姓，刘备都能和他们坦然相交。多年前曾有仇人派刺客到刘备身边卧底，准备刺杀刘备。刘备不知情，非常真诚地接待刺客，把刺客感动得眼泪哗哗的，刺客不忍心刺杀他，反而把雇主的阴谋都告诉了刘备。正因为刘备有这种人格魅力，他前半生虽然经常被打得跟丧家之犬一样，但走到哪里都能得到诸侯的接待，镇守哪里也能得到老百姓的支持。

《三国演义》中，刘备"皇叔"的身份为他赢得了一定的尊重，历史上像刘备这样的"汉室宗亲"，没有几万也有几千，根本不值钱。刘备能崛起成为诸侯，靠的是他自己的能力和魅力，而不是"汉室宗亲"的头衔。他比曹操更仁慈，更有亲和力，比刘表更有进取心，比孙权更沉稳。对诸葛亮来说，刘备是他最好的选择了。

刘备在公元201年左右被曹操打败，南下投奔刘表，此后长期驻扎在荆州北部新野，距离诸葛亮隐居的卧龙岗不算太远，但两人没打过交道。此后几年，诸葛亮在隐居地躬耕，刘备则在新野训练军队，招募人才。不少流落荆州的士人，还有刘表的一些手下，都投奔到刘备那里，或者与他暗中有了往来。诸葛亮这段时间应该也对刘备有了很多了解。但是，了解还不够。眼见为实，耳听为虚。刘备到底是不是像传言中说的那么好？诸葛亮不愿意这么急着做决定。

第五节 三顾茅庐与三分天下

建安十二年（207年）的某一天，刘备拜访了襄阳名士司马徽。"好好先生"司马徽对刘备说："你要找真正的贤才，那么卧龙诸葛亮、凤雏庞统是本地最出色的了！"

诸葛亮的好朋友徐庶也投到了刘备麾下，向刘备推荐："诸葛亮是人中的俊杰，您不想见见吗？"

刘备顿时来了兴趣："请您带着诸葛亮一起来好不好？"

徐庶还要卖关子："诸葛亮和我不同，不会自己来投奔。您必须亲自去请他。"

刘备二话不说，立即前去拜访诸葛亮。

关于刘备三顾茅庐的事儿，《三国演义》中写了很长的一段，而史书上的记载非常简单："凡三往，乃见。"

就是说，刘备去找诸葛亮，去了三次，才见着面。

要知道，当时刘备已经四十七岁了，头衔是"大汉左将军、宜城亭侯、豫州牧"，是天下赫赫有名的一方诸侯。而诸葛亮年仅二十七岁，不过是在荆州地区小有名气的一位书生。两人地位差了老远。而刘备居然一次二次没见着，还能继续前往。这三次拜访，展现出刘备过人的胸襟与气魄。诸葛亮也从中看出了刘备的诚意和坚韧。与传言相结合，他认定了：刘备就是我真正值得辅佐的主人。

辗转大半生、空怀豪情、一事无成的落魄老军阀刘备，和空负才华、籍籍无名的青年书生诸葛亮，两人风云际会，一拍即合。这是一次载入史册的会面。

在会面中，诸葛亮送给刘备一件特别的礼物——"隆中对"。这是诸葛亮为刘备量身定做的一套战略方案。这套方案大致如下。

首先，北边的曹操，如今占领了三分之二的天下，拥兵百万，皇帝也在他手中，您现在不能和他硬拼。

其次，东边的孙权，继承了父亲孙坚和哥哥孙策的遗产，占领江东之地，根深蒂固，您也没法吃掉他，只能和他结盟。

然后，荆州这块地方的位置很重要，刘表是个老糊涂，两儿子都没用，您可以先把这块地吃下来。

还有，西边的益州，富饶又险要，刘璋更是懦弱无能，您再把这块地方也吃下来。占了这两块地方，就可以跟曹操、孙权形成三分天下的格局。

接下来，就可以以荆州、益州为根据地，联络西边、南边的少数民族，和孙权结盟，然后等天下发生变故的时候，您兵分两路，一路从四川出发攻占陕西，一路从湖北出发攻占河南，就可以消灭曹操，兴复汉室。

短短几百字，诸葛亮给刘备画出了"兴复汉室"的蓝图，谁是敌人，谁是朋友，先占哪块，再占哪块，井井有条。

刘备真是又惊又喜。因为他过去最缺的，恰好就是这样一份战略计划。刘备本人很能打仗，手下又有关羽、张飞这样的

第一章 诸葛亮出山

猛将。他在诸侯中的名声很好，又得民心。按说这样的条件，应该能成就一番事业。早年刘备就在陶谦死后占有了徐州，也算是有兵有地盘。可是因为没有好的战略规划，在复杂的军阀混战中，刘备不知道该团结谁，不知道该打谁。

当初他在徐州收留了兵败的吕布，可是在他和袁术打仗的时候，吕布却趁机抢了徐州。他只好联合曹操对付吕布、袁术，等吕布和袁术被消灭后，徐州也成了曹操的地盘，刘备只能给曹操当附庸，并且眼看着曹操独掌大权，欺负汉献帝。不甘心的刘备转而又联合袁绍对付曹操。官渡之战中，他带着袁绍给他的一些人马占了汝南，威胁曹操后方。但曹操打败袁绍后，回头就把刘备打得狼狈逃到荆州去了。

总之，过去多年，刘备东边打仗，西边挨刀，地盘得一块丢一块，反复折腾十多年，跑遍了大半个中国，到头来还是只有不多的一点兵力，落得个寄人篱下的境地。而老对手曹操实力越来越强大。这么下去，"兴复汉室"眼看就是一场空了。

如今，诸葛亮献上"隆中对"，告诉刘备，兴复汉室还有希望！听到这番规划，刘备眼前一亮。他和他的部下，有了继续奋斗下去的方向。

当然，人无完人，计划也没有完美的。二十七岁的诸葛亮根据当时天下局势做出的这份战略规划，也存在种种不足。但不管怎样，之前刘备和他的部下东奔西窜，如同没头苍蝇一样，始终无法立足一方。而在诸葛亮出山之后，他们基本依靠"隆中对"规划的路线，一步一步扩张，实现了"鼎足三分"，建立了持续四十多年的蜀汉政权。

可见,"隆中对"确实是一份很伟大的计划。它对于刘备集团日后的发展,乃至对天下的大势,起到了决定性的推动作用。

难怪刘备在请诸葛亮出山后,成天和诸葛亮交流,对他非常尊敬。这甚至引起了关羽、张飞等人的不满,觉得大哥凭什么这么看重这毛头小子?对此,刘备回答:"我得了诸葛孔明,就像鱼儿得了水一样,从此可以自由游弋了!"

而诸葛亮也从此告别了悠闲自得的躬耕生活,投身刘备"兴复汉室"的事业。

第二章

促成三分天下

第一节　诸葛亮指点刘琦

建安十二年（207年），诸葛亮在刘备的诚意邀请下，终于出山。不过，他并没有像《三国演义》中所写的那样，立刻被刘备拜为军师，执掌全军大权，也没有指挥"火烧博望坡"。历史上的火烧博望坡发生在好几年前，那时候诸葛亮还没出山，是刘备自己烧的。而且刘备不是火攻，是假装烧了自己的营盘逃走，引诱夏侯惇和于禁来追，然后用伏兵打得他们落花流水。诸葛亮当时毫无军事经验，刘备也不可能一来就让他指挥全军。事实上直到刘备去世，诸葛亮带兵打仗的机会都不是很多。

诸葛亮在刘备手下，最开始主要是给刘备当参谋、出主意，搞一些内政管理。诸葛亮给刘备出的第一个主意就是招收流民。当时刘备手下的兵只有几千，这点人马干什么都不够。诸葛亮出了个主意。当时很多中原百姓为躲避战乱来到荆州，其中不少人并没有编入户籍，诸葛亮叫刘备给刘表打个招呼，把这些人登记后安顿下来，让他们可以安稳过日子，同时也可以从这些人中招兵。这么一来，刘备的兵力增加到一万多人。

诸葛亮还利用自己在荆州多年的人脉，帮刘备担保，从当地大户那里借了不少钱。出名的"穷刘备"得了这一大笔钱，军费上也充裕了不少。

诸葛亮帮刘备解决了难题，他自己也在工作中加强了和刘备手下其他同僚的磨合，并且通过实践锻炼，把自己从书本上学来的知识融会贯通，应用到现实的治理中。

此外，诸葛亮还帮助刘备集团对外联络、统战。按照他的"隆中对"，刘备发展的第一步就是夺取荆州。可是荆州现在是刘表的。刘表虽然有些老糊涂，但也不是可以随便糊弄的，再说他对刘备还有恩，刘备怎么能夺取他的地盘呢？诸葛亮的计划大概是先慢慢布局，积累自己的实力，同时结交荆州人士。刘表已经时日不多，他一旦去世，两个儿子刘琦、刘琮多半要抢夺继承权，而这哥俩都不是刘备的对手，到时候刘备再渔翁得利，吃下荆州就好。

这时候，刘琦和刘琮的斗争已经非常激烈。次子刘琮在继母蔡夫人、舅父蔡瑁、表哥张允等人的支持下，咄咄逼人，眼看要废长立幼。按照诸葛亮的规划，刘备表面上倾向刘琦一边。一来刘琦是长子，他的继承本来就更符合"道义"；二来刘备既然打算吃下荆州，早晚要和荆州的实权派蔡氏家族决一雌雄，正好借着刘琦和他们斗一斗。

刘备、诸葛亮在按部就班地下棋，身在局中的刘琦却慌了。历史上兄弟争位，当哥哥的被人害死，这样血腥的例子太多了。他生怕自己也遭到同样的下场，就向诸葛亮请教，希望诸葛亮给他指一条路。

诸葛亮最开始是回避的。他作为刘备手下的谋士,随便插手刘表的家事是很不妥当的。再说另一边支持刘琮的蔡氏集团和诸葛亮也关系匪浅,蔡瑁是他妻子黄月英的舅舅,蔡夫人是黄月英的姨妈。虽然早晚都要翻脸,毕竟还没到时候。所以刘琦多次请教,诸葛亮都避而不答,追问急了,他起身就走。

刘琦没办法,使了一招"上屋抽梯"之计,把诸葛亮骗到高楼上,等只剩他俩的时候,刘琦暗中令人抽掉梯子,然后再向诸葛亮请教。诸葛亮又想跑,跑到楼梯口一看,梯子已经没了。这时候刘琦逼过来,对诸葛亮说:"这里就咱俩人,上不连天,下不挨地,话从你口中出,进我耳朵,你现在可以帮我出主意了吧?"

诸葛亮又好气又好笑,便教了刘琦一招:"春秋时期晋国内乱,公子申生留在国内,最后被害死了;公子重耳逃亡国外,最后不但活下来,还回国继承了君位。"这是在劝刘琦外出掌握兵权。

刘琦如梦初醒,赶紧向父亲刘表请求到江夏(今湖北武汉一带)担任太守。这样,他就脱离了蔡氏的包围,拥有自己的根据地和直属部队。后来,刘琦对刘备、诸葛亮感激涕零,在赤壁之战前后更是全力支持刘备夺取荆州。

诸葛亮这次用计确实是为刘琦避祸出谋划策。但同时,这条计最终还是为了刘备集团的战略利益。

刘琦受到刘琮和蔡氏集团的威胁,这对刘备来说是个挑战,也是个机会。刘备可以借着"保护长子合法继承权"的名义,插手荆襄事务，利用刘琦和刘琮之间的争斗，扩充自己的势力，进而占领荆州。也就是说，刘备并不希望刘氏兄弟之间的斗争很快分出胜负。

如今，刘琦根据诸葛亮的计策去了江夏，蔡瑁等人很难再陷害刘琦，但刘琦在刘表面前争夺继承权的机会也就没有了。两位公子一直保持着对峙的局面，直到刘表去世。到时候，如果刘琮在蔡氏的扶持下继位，则刘备可以义正词严，打着"支持长子继位"的旗号，帮助刘琦对付刘琮，争取荆州人士的支持，最终拿下荆州。

然而，后来事情的变化和诸葛亮当初预料的有些差别。刘表刚死，曹操的大军就来了，刘琮投降，荆州大半被曹操占领。这时候，刘琦的地盘江夏就成为刘备在荆州最后的根据地。刘备以江夏为据点，联合孙权打了赤壁之战。赤壁之战后，刘琦又为刘备掌控荆州提供了很大的帮助。

所以综合来看，诸葛亮对刘琦的指点，是给刘备以后的发展提供空间。只不过，眼下诸葛亮和刘备要面临更加危险的挑战：曹操的大军杀来了。

第二节　兵败当阳入东吴

建安十三年（208 年），曹操亲自率领十多万大军，向南进攻荆州。曹操心中始终认为刘备才是他最危险的对手，是他

第二章 促成三分天下

的心腹大患。之前曹操忙于对付袁绍的残余势力。等到建安十二年（207年），也就是诸葛亮出山的同一年，曹操完全平定河北，统一北方，稍微休息了几个月，曹操次年立刻挥军南下，要把刘表和刘备一举消灭，占领荆州地区。

就在这个紧要关头，荆州牧刘表忽然病死了。荆州顿时群龙无首。原本就明争暗斗的刘琦、刘琮兄弟，这会儿不是联合对付曹操，而是加大了内斗的力度。在蔡瑁、张允等人的支持下，刘琮抢先继承了父亲刘表的荆州牧之位。屁股还没坐热，曹操的大军就到了家门口。刘琮虽然在抢位子的时候赢了哥哥，可他没胆量跟曹操作对。荆州地区的很多名门官员如蒯越、韩嵩、傅巽等人都对刘琮说："现在咱们荆州最能打的只有刘备，但刘备也不是曹操的对手。再说就算刘备能打赢曹操，他也会抢您的位置。反正这荆州保不住了，您还不如直接投降曹操，毕竟他是大汉朝廷的丞相啊。"刘琮的舅舅蔡瑁也这么说。于是刘琮就派人联系曹操投降。

刘备后来才得知这个消息，急得不行。他驻扎在荆州北面，曹操大军已经在眼前了，南面的刘琮又已经投降。没办法，刘备只能先弃城南逃。

《三国演义》中说刘备南逃的时候，诸葛亮又在新野放了一把大火，烧了曹仁、曹洪的十万大军。这也是文学虚构的。实际上刘备没敢耽搁，直接带着本部兵马从樊城过了襄水，来到刘琮所在的襄阳。很多老百姓怕曹操屠城，也跟着刘备逃离。

这时候,诸葛亮向刘备献计,说可以偷袭襄阳,劫持刘琮,然后联合刘琦,占领荆州,抵抗曹操。但刘备拒绝了。他说:"刘表以前对我不错,他去世前,托我照顾他儿子。现在他尸骨未寒,我就对刘琮动手,这是背信弃义啊!不行,做不得。"

可见,历史上的刘备对诸葛亮也并不是言听计从。诸葛亮的主意,刘备自己要把关。

在刘备看来,自己与曹操对着干,兵力、地盘差太远了,赢不了曹操。唯一的方法是坚持高举"仁义"的旗号,收获人心。比如眼下,刘备和曹操争荆州,就必须考虑荆州士人和老百姓的人心。如果偷袭刘琮,虽然可以抢下一部分地盘和兵马、钱粮,但也会激起当地人的反感,得不偿失。

于是,刘备没有袭击刘琮。他先在城外跟刘琮打了招呼,刘琮不敢出来。随后刘备就老老实实离开襄阳,继续南下。经过刘表坟墓的时候,刘备进行了祭拜,痛哭流涕:"老哥,你让我帮助您儿子守荆州,可您儿子投降了曹操,我没办法啊!您在九泉之下帮帮我吧!"

刘备这样的举动,让襄阳一带的官员、百姓,都纷纷投奔到他的旗下。他们也知道,跟随刘备意味着一路颠沛流离,可能还要被曹军追杀而送命,但还是有很多人选择刘备。他们如潮水般汇聚到刘备的队伍里,跟随队伍一起南下。

年轻的诸葛亮目睹这一切,相当震撼。他明白了一个道理:在争夺天下的时候,权术可以得势一时,但道义的力量也绝不可轻视。这是四十八岁的刘备教给二十八岁的诸葛亮的东西。

第二章 促成三分天下

离开襄阳后，刘备一行继续南下，前往江陵（今湖北荆州市）。江陵城是南郡的首府，是荆州中部的重镇，南临长江，东依汉水。当地囤积了大量的军用物资。如果刘备能够占据江陵，掌握当地的物资，扩充兵力，然后向东与江夏的刘琦联合，向南收取长江以南武陵、长沙等四个郡，占有大半个荆州的地盘，就可以和曹操好好地干一架了。

按理说，江陵的得失，简直关系到刘备的生死存亡，但刘备的表现很奇怪。当时荆州有大批官员、百姓和士兵投奔他，刘备的队伍不断扩张，等走到湖北中部的当阳时，距离江陵还有差不多一半路程，跟随他的人已经达到了十多万。

那时候的交通很不方便。十多万人绝大部分都是两条腿走路，行李车辆都有好几千辆，道路、桥梁拥挤不堪，所以每天只能前行十多里路。刘备手下的人很担心，都劝刘备说："咱们应该轻装全速前进，占领江陵，抵抗曹操。现在这十多万人拥挤在一起，走得又慢，真打起来，这些人大部分没有武器，根本没法打仗，完全是累赘。曹操追来怎么办？"

然而刘备回答说："要成就大事，必须以人为本。现在这些人因为信任我而跟随我，我怎么能因为危险而抛弃他们？"

好一句"以人为本"。诸葛亮再次被刘备的精神感动。或许他想到了当初自己的家乡琅邪郡遭受曹军入侵，当时如果能有刘备这样的人站出来，或许父老乡亲就不会遭到那样惨烈的屠戮。诸葛亮认定了，眼前这个肯与百姓共担生死的君主，确实是值得自己辅佐的明君。

总之，刘备拒绝丢下民众。他派大将关羽带着几百艘战船沿着襄水先行东下，自己依然带着大队人马走陆路，慢吞吞南下。

另一方的曹操，行事素来雷厉风行，与刘备恰好是两个极端。他率领大军进入襄阳，接受刘琮投降，之后他马上选了五千精锐骑兵，不带辎重，全速向南追击刘备。刘备的十几万人每天只走十多里路，而曹操的五千精骑一日一夜就奔驰了三百里！

就在当阳南面的长坂一带，曹军追上了刘备。转眼间，十多万军民被曹军冲得七零八落。刘备带着诸葛亮、徐庶等人仓皇逃走。他的妾甘氏和儿子刘禅（就是阿斗）都失陷在乱军中。幸亏大将赵云奋力冲杀，保护甘氏和刘禅冲出了重围；又幸亏张飞带着二十名骑兵守住长坂桥，挡住追兵；还幸亏先前派出去的关羽水军，这时候掉头回来了，总算把刘备等人接应过了汉水。然而跟随刘备的十多万军民，绝大部分都被杀死或者成为俘虏了，连刘备的正妻和女儿都没逃过。

之前推荐诸葛亮给刘备的徐庶也走了。本来徐庶跟着刘备逃过了汉水，可是徐庶的老母亲和其他难民一起被曹军抓走。徐庶是个孝子，听说母亲被抓，非常担心，只好向刘备辞别，北上去见曹操。从此徐庶便在曹操手下做事。诸葛亮的老朋友石韬（石广元）也跟曹操北上。后来三国鼎立，徐庶在魏国官至右中郎将、御史中丞，石韬官至郡守、典农校尉。诸葛亮听说后，还觉得这两位朋友的官当得小，叹息说："魏国人才竟然那么多啊，徐庶、石韬他们只当到这个级别的官！"孟建（孟公威）后来也出仕曹魏，官至凉州刺史、征东将军。

当阳之战后，刘备靠着关羽水军的接应，勉强沿着汉水撤退到江夏，与刘琦会合。叔侄俩的军队凑在一起，才两万人左右，龟缩在江夏一郡。西边曹操大军迫近，东边还有长期敌对的江东孙权。曹操则挥军吞并了包括江陵在内的大半个荆州，实力进一步增强。

怎么办呢？刘备和他的老部下关羽、张飞等虽然身经百战，打仗很厉害，却拿不出什么办法。这时候，诸葛亮作为足智多谋的读书人，展现了自己的才华。他向刘备提出建议：现在情况紧急，必须立刻向孙权求助！

要知道，过去十多年，江东孙氏和荆州刘表是不共戴天的死对头。当初孙坚就是被刘表的军队射死的，孙权继位之后一直在江夏一带和刘表打仗，两家的冤仇结得很深。诸葛亮能把孙权定位为战略盟友，眼光远远超过一般人。

恰好这时，孙权的谋臣鲁肃也从东边来了。鲁肃在《三国演义》中被描写成一个老实的"忠厚长者"，实际上他是三国时期第一流的战略家。和诸葛亮一样，他也把曹操看作江东孙氏的大敌，同时把"联合刘备"作为重要的战略方针。为此，他主动向孙权申请，前往荆州为过去的敌人刘表吊丧。结果刚进入荆州，就碰上刘备兵败。

诸葛亮与鲁肃分别属于两家阵营，却有共同的战略规划。鲁肃还是诸葛亮哥哥诸葛瑾的好朋友。两位战略家见面一谈，挺投机。诸葛亮和鲁肃交上了朋友。随即，他作为刘备的全权代表，东下柴桑回访孙权。

第三节　促联盟火烧赤壁

当阳兵败后，诸葛亮跟着鲁肃前往东吴，当时吴主孙权正在纠结。刘备把曹操看作不共戴天的死敌，除了抵抗曹操，没有别的路子可走。而孙权至少还可以选择求和。他手下很多官员都害怕曹操，内部主战、主和两派正斗得激烈。

按照《三国演义》的记载，诸葛亮到江东后，先是"舌战群儒"，骂得东吴的主和派大臣哑口无言，后来又用激将法，说曹操想要掠走孙策的妻子大乔和周瑜的妻子小乔，从而让江东大都督周瑜坚定了决战的信念。其实这都是虚构的。诸葛亮到东吴是要结盟，东吴的大臣，哪怕是主和的大臣，也应该是团结争取的对象。把对方全部痛骂一遍，看起来痛快，其实得罪了人，对结盟没有好处。而周瑜本来就是主战派。真正决定东吴能否抗曹的是孙权，光把周瑜激得暴跳如雷是没意义的。

诸葛亮真正做的工作是说服孙权。东吴的主战派周瑜、鲁肃也都对孙权进行了劝解。其中，周瑜主要是从军事角度分析，指出曹操军队虽多，但犯了四大忌讳。第一是关西的马超、韩遂还没平定，背后有隐患；第二是北方的士兵不习水战；第三是时值冬天，粮食和马匹草料匮乏；第四是大队人马远道而来水土不服,容易患病。鲁肃则是从政治角度分析,告诉孙权:我们当属下的可以投降曹操,跟着谁都可以升官;您作为主公决不能投降曹操,投降了就没有今天的地位了。

而诸葛亮作为刘备的使臣,他的出发点又不同。他不是孙权的部下,他的出发点肯定是刘备的利益,孙权又不傻。这种情况下怎样说服孙权呢?那就必须让孙权明白,抵抗曹操既对刘备有必要,也对孙权有好处,那样联盟才能促成。于是,诸葛亮面对孙权,有条不紊地分析形势,逐层推进。

他先开门见山地对孙权说:"现在曹操扫荡群雄,占了荆州,大军已到了家门口。您自己得赶紧拿个主意,要么投降,要么豁出去拼命。再犹豫不决,就会大祸临头了!"这是让孙权下决心。

孙权反问,那您家刘备干吗不投降呢?诸葛亮回答:"秦末的田横宁死都不肯投降刘邦,我家主公刘备是大英雄,必须和曹操决一死战,战败身死也无悔,怎么会投降呢!"这是用刘备做例子,进一步刺激孙权。

孙权的热血果然被挑起来了:"莫非我孙权就不如刘备!"不过他还有顾虑,刘备连吃败仗,还有力量和他配合吗?

这时诸葛亮又开始分析敌我双方的形势。他说,刘备虽然兵败,但加上关羽和刘琦的部队,还有两万多人;曹操远道而来,为了追赶刘备,抢占江陵,一路急行军,非常疲惫,所谓"强弩之末",已经没什么精神了。而且他带着北方的军队千里迢迢来到南方,水土不服,一群旱鸭子更不会水战;荆州当地的

军民虽然被迫归顺他,但并不是真心拥戴他。

最后诸葛亮得出结论:"只要您派几万精兵和我家主公刘备联合,一定能打败曹操。之后,咱们两家就能在南方发展势力,与曹操形成三足鼎立的态势!"

在诸葛亮的"威逼利诱"下,再加上鲁肃、周瑜的劝告,孙权终于决定联合刘备抗曹。他派周瑜、程普、鲁肃带领三万精兵,与诸葛亮一起,从柴桑进至赤壁。孙权则整顿人马,作为他们的后援。

诸葛亮的重要外交使命,至此顺利完成。这是他在刘备帐下立下的第一桩大功。

接下来,震撼天下的赤壁之战开打了。《三国演义》中写赤壁之战用了好几回书,其中诸葛亮不但要对付曹操,还要防备周瑜的暗算,上演了草船借箭、七星坛借东风等精彩故事。而这些也都是虚构的。赤壁之战主要是周瑜、刘备带兵打的,诸葛亮那时候还没什么战争经验,最多也就跟着刘备帮帮忙,做点辅助工作。周瑜忙着对抗曹操的大事,也不可能有心思暗算一个初出茅庐的后生小辈。

历史上赤壁之战的整体态势,是周瑜带着东吴军在赤壁,刘备带着荆州军在夏口,从两个方向挡住曹操在乌林的大军。曹军背后是数百里的云梦大沼泽,二十万大军被迫沿着长江北岸一字儿排开,兵力优势没法发挥,首尾不能救应。曹操好几次突击都被挡住了,水战吃了败仗,军中又流行疾病(有人说是血吸虫病)。他下令用铁链把战船锁起来,又被黄盖趁机诈降火攻,战船被烧得七零八落。到了这一步,曹操再也坚持不下去了,自己烧了剩下的船撤退。刘备、周瑜趁势水陆并进,大举反攻,曹军死伤无数,狼狈北退,曹操错过了统一天下的最好时机。

赤壁之战的主角曹操、刘备、周瑜,都是汉末三国出色的军事家。他们指挥的这一场大战,对于刚出茅庐一年多的诸葛亮而言,是一次很难得的观摩、学习的机会。当时的诸葛亮还只是书生,只会"纸上谈兵",要把书本上学到的知识变成实在的本领,要么自己亲自实践,要么近距离考察实例。赤壁之战就相当于曹操、刘备、周瑜等高水平的老师,给诸葛亮上了一堂生动的战争课程。通过这些学习,诸葛亮的军事才能得到了提升。

此外,诸葛亮在赤壁之战中,出入东吴阵营,和吴主孙权以及下面的许多文武官员交往,也扩充了自己的人际圈子。这里面最重要的一位朋友就是鲁肃。正如诸葛亮一贯主张联合孙权,鲁肃也一贯主张联合刘备。鲁肃与诸葛亮东西呼应,维持了孙刘两家多年的关系,双方共同北抗曹操。诸葛亮也从这位朋友身上得到了不少帮助。

总之,赤壁之战中的诸葛亮虽然没有像《三国演义》中写的那样成为第一主角,但确实发挥了重要作用,也学到了很多东西。随着曹操的败北,刘备集团暂时摆脱了覆灭的危机,进入快速发展的阶段,而诸葛亮也面临着新的挑战和机遇。

第四节　治三郡蒸蒸日上

正如之前诸葛亮预料的，赤壁之战后，曹操向北撤退，孙权和刘备乘机扩张。尤其是刘备，之前在荆州七八年，已经积累了深厚的人脉。赤壁之战前刘备恪守道德底线，携民渡江等举动，也让他人气暴增。赤壁之战后短短几个月的时间，大批当地人投向刘备。刘备挥军南进，几乎兵不血刃就占领了长江南部的零陵、桂阳、长沙、武陵四个郡。武艺高强的老将军黄忠等人都归顺了。刘备摆脱之前一穷二白的困窘状态，再次拥有一方诸侯的实力。

同时在荆州北部的南郡，孙刘联军与曹操展开争夺战。南郡守将是曹操的堂弟曹仁。刘备跟周瑜正面攻击曹军，关羽带兵迂回北面切断曹军后援。经过一年的苦战，他们终于击败曹仁，打下了南郡。

外部敌人被打退，刘备和孙权两家又产生了内部争斗。当然，远没有《三国演义》中那么夸张。诸葛亮既没有趁孙曹交兵"渔翁得利"地偷取南郡，更没有"三气周瑜"。周瑜也并没有用"美人计"企图杀害刘备。孙权确实把妹妹嫁给了刘备，但这是为了巩固孙刘联盟而进行的政治联姻。建安十五年（210年）周瑜去世后，孙权才在鲁肃的劝告下把南郡借给刘备，让刘备帮忙挡住北边的曹操。同时，刘备方面则把江夏郡让给了孙权。

这段时间，诸葛亮负责大后方的经济建设。

刘备夺取了江南四郡，后来又借到南郡，这样一共掌握荆州的五个郡。刘备自己驻扎在紧靠长江的公安，诸葛亮则驻扎在临烝（今湖南衡阳一带），督管南部的长沙、桂阳、零陵三个郡。这时候他有了正式的军职——军师中郎将。

刘备地盘的北边与曹操的地盘直接接壤，东边的"盟友"孙权也不能完全放心，所以北部的南郡、武陵两个郡时刻要准备打仗，刘备自己带着关羽、张飞等人守着。南部的三个郡没有直接面对敌人，就交给诸葛亮管辖，发展生产，征收钱粮，为北方两个郡提供兵源和后勤物资。有了诸葛亮这样善于管理又忠实可靠的能臣，刘备就没了后顾之忧，放心让他独当一面。短短两三年，刘备的兵力从赤壁之战前的两万人左右，迅速增长到五六万人以上。

大批人才汇集到刘备的麾下，或者被刘备从基层提拔起来。这里面最厉害的，要数诸葛亮的老朋友，号称"凤雏"的襄阳人庞统。历史上的庞统，并没有如《三国演义》写的那样，在赤壁之战中向曹操献"连环计"，忽悠曹操把战船锁起来，方便周瑜一把火烧光。不过庞统确实与周瑜关系密切。建安十五年（210年）周瑜准备西征刘璋，途中生病去世，就是庞统护送周瑜的遗体返回东吴的。东吴的官员们也都对庞统非常热情。

然而，庞统并没有留在东吴当官，反而回到荆州，在刘备手下当一个小小的县令。刘备最初还不怎么看重他。庞统这个县令当得很一般，居然被刘备罢官了。

诸葛亮是了解庞统的。他知道，庞统的才能是大才，适合站在高层参与军政决策。这样的人才放在县令的位置上，去做基层工作，可能确实干不好。诸葛亮就和鲁肃一起大力推荐庞统。他俩一个是刘备的首席谋臣，一个是友军统帅。在他们的推荐下，刘备与庞统进行了详细交谈，刘备发现庞统确实很有能力，这才把庞统提拔为军师中郎将，官职和诸葛亮一样。

东汉末年的军职

东汉的将军职位，最高为大将军，相当于今天的国防部长；其下有骠骑将军、车骑将军、卫将军，相当于今天的国防部副部长；再往下是前、后、左、右将军，相当于今天的方面军总司令；再往下是各式杂号将军，如荡寇将军、讨逆将军等，杂号将军本身又有高中低档，可以认为它相当于今天的集团军司令。将军往下是中郎将和校尉，大致相当于今天的师级干部；再往下是都尉，相当于今天的团营级干部。到后来军阀割据，各路诸侯自己给自己或手下人封官，官越封越大，官衔也就乱了。

在公元207年时，刘备自己的官职是豫州牧、左将军，关羽的官职是杂号将军，张飞的官职是中郎将，诸葛亮则没有正式的官职，算刘备的参谋人员。赤壁之战后，关羽为荡寇将军，张飞为征虏将军，都是杂号将军中比较高的层次。赵云为牙门将军，算杂号将军中较低的层次。三国鼎立之后，各国又建立了自己的一套官职系统，与原来东汉的官职系统有所出入。

诸葛亮和庞统，两人性子不同，能力特长也不同。诸葛亮有耐心，负责管理三个后方的郡；庞统行事果决，擅长奇谋，就在刘备身边出谋划策。两人配合默契，使刘备的力量日益增强。

除了庞统，刘备麾下还多了不少人才。比如荆州地区出名的"白眉大仙"马良和他的弟弟马谡；作战勇猛的义阳人魏延等。诸葛亮节制三郡时，他手下的桂阳太守就是大名鼎鼎的赵云；长沙太守则是狂士廖立。廖立和诸葛亮差不多大，年纪轻轻才名在外，对诸葛亮也很佩服，就是性情有些偏激。

按诸葛亮的"隆中对"，在荆州站住脚跟后，下一步应该是夺取益州（四川）。益州军阀刘璋虽然无能，但蜀道艰险，别说打仗，单纯把军队带进去就很麻烦了。怎样才能夺取益州呢？

第五节　守荆州与取益州

刘备、诸葛亮他们正在荆州等机会，机会就自动送上门来了。益州牧刘璋派部下法正过来和刘备打招呼，意思是咱两家都是姓刘的，以后可以相互关照。更妙的是，法正表面上是刘璋的使者，其实私下带着不可告人的目的。

原来刘璋昏庸无能，手下很多有本事的人都在等着机会离开。刘备本来名声就不错，赤壁之战后更是兵强马壮。刘璋手下有张松、法正、孟达，他们就琢磨着把益州献给刘备。不过，他们先得看看刘备是怎样的人。于是张松就劝刘璋结交刘备，派法正当使者。

法正来荆州见到刘备，一看果然是位英雄，比刘璋高明百倍。回去之后，三个人就打定了主意。正巧刘璋和占据汉中（今陕西省南部）的张鲁一直有矛盾，张松就劝刘璋："现在咱们和刘备搭上关系了，不如让法正请刘备进入益州，收拾张鲁不费吹灰之力！"刘璋傻乎乎地又同意了。

法正再度到荆州，私下对刘备直接说明了来意，他们几个打算帮刘备夺取益州！刘备还很犹豫，觉得夺取同宗刘璋的基业，还用这种不光彩的手段，违背了自己一贯的"仁义"准则。庞统说："非常时刻不能拘泥于细节，春秋时的五霸也曾经吞并腐败贫弱的国家。刘璋这么无用，就算您不取益州，也会被别人拿去，这样对天下没有好处。夺取江山的时候就要用非常的手段，统一后再用正大光明的准则来治理江山，这才是大仁大义。至于刘璋，等您兴复汉室统一天下后，封他一个爵位，让他安享富贵，这才算对他好！"一番话，说服刘备坚定了夺取益州的决心。

于是在建安十六年（211年），刘备应刘璋的邀请，带兵前往益州。他的计划是：自己先进入益州腹地，占领要地，笼络人心，待时机成熟后起兵。同时，留在荆州的部队也从东边

第二章 促成三分天下

进攻。两路队伍内外夹击,一举打下益州。

进川的部队,由刘备自己担任总司令,庞统担任参谋长,另外还有简雍、伊籍、陈震、黄忠、魏延、霍峻、冯习、张南、邓方、蒋琬、马谡等一大堆文武官员。法正也跟随在刘备身边,表面上他是刘璋派来招待客人的使者,其实已经成了刘备的谋臣。

留守荆州的有诸葛亮、关羽、张飞、赵云、马良等人。其中关羽是军队方面的总指挥,诸葛亮则负责政务、外交等。按照史书《三国志》的记载,在这个留守人员的名单上,诸葛亮排名还在关羽之前。

可是刘备前脚刚走,后面孙权就按捺不住了。

当初孙权曾邀请刘备一起西征益州,但刘备想独吞益州,因此假意劝告孙权,说蜀道艰难,打益州难度很大,又说刘璋是他宗亲,自己人不打自己人。刘备还派军队切断了东吴西征的道路。现在刘备居然自个儿进击益州,孙权又不是傻子,当然知道刘备想干什么。他就趁刘备不在,派出大队战船,到荆州把自己的妹妹孙夫人接回东吴了。

孙夫人和刘备本来就是政治婚姻,走了也就走了。严重的是,孙夫人居然要顺手带走刘备的独子刘禅!要是阿斗真被带去东吴了,孙权手上就有了一个很有分量的人质。危急关头,幸亏赵云在江上硬把阿斗给拦截下来了,才免除一场祸患。

再说回刘备。刘备入川后,糊涂的刘璋对这个同宗哥哥非常信任,把他看作救星,要钱给钱,要粮给粮,要兵给兵。刘备直属军队扩充到三万多人,浩浩荡荡地开赴抵抗张鲁的第一线——益州东北部的葭萌关（在今四川省广元市昭化区）。他表面上抵抗张鲁，暗中却收买人心，整编本地军队。到次年，也就是建安十七年（212年），刘备准备好了，就找借口说刘璋克扣自己的援兵和补给，翻脸要收拾刘璋。恰好叛徒张松的阴谋被刘璋识破，被刘璋杀死。这下子两家彻底决裂。刘备在法正、孟达等人的引导下杀出葭萌关，首先夺下白水，斩杀刘璋大将高沛、杨怀；随后大军西进，连续攻克了涪城（在今四川绵阳市）、绵竹等地，刘璋大将李严等投降。

益州内部打起来了，刘备让荆州方面也快些出兵。诸葛亮、关羽马上组编了一支西进大军，增援刘备。这支部队由诸葛亮担任统帅，大将有张飞、赵云，还有刘备的义子刘封等。为了打击敌方的士气，蜀军对外还宣称孙权也派东吴军一起西进了。留守荆州的重任交给了关羽。

刘备打刘璋这个架势，就是左右开弓。刘备、庞统是一记"右直拳"，黑虎掏心，从葭萌关直捣成都；诸葛亮、张飞是一记"左勾拳"，仙人摘桃，沿长江迂回到成都南面夹击。由于刘备这一路人马在益州纵横驰骋，刘璋的机动部队都急匆匆去堵截这个"盟友"了，导致外围防御空虚，因此诸葛亮、张飞、赵云这一路并没有遇上太大的麻烦。

他们首先攻克了川江的门户白帝城，随后沿着长江一路西进，杀到巴郡（今重庆一带），遭遇老将军严颜的顽强抵抗。虽然诸葛亮是名义上的统帅，但指挥打仗的主要是张飞。经过激战，张飞活捉了严颜。严颜宁死不屈，张飞非常佩服，就解开了他的绑绳。这就是"义释严颜"的故事。《三国演义》中写严颜被释放后,感激张飞,于是投奔到刘备麾下,立了不少功,但历史上的严颜只是静静地度过了余生。

之后,诸葛亮和张飞带主力部队沿嘉陵江、涪江北上,赵云则分兵先继续沿长江向西,攻克了江阳(今四川宜宾、泸州一带),再沿岷江北上。

诸葛亮、张飞进军到德阳,刘璋派张裔带兵来拦截,很快被打得败退回成都。张飞和诸葛亮再次分兵,张飞向东北占领巴西郡,诸葛亮向西直扑成都。这时,赵云的一路人马也已经攻克了犍为,从西南方向逼近成都。加上东北方向的刘备,对成都形成三面合围之势。

诸葛亮一路势如破竹,刘备方面却遭到了挫折。他们从葭萌关出发向西南,最初进展很顺利,很快打到了距离成都只有不到百里的雒县。就在雒县,刘备遇到了最强烈的抵抗。刘璋的儿子刘循在老将张任的辅佐下,像钉子一样坚守雒县,寸步不让。刘备、庞统、法正用尽百般计谋围攻,还是没法拿下城池。战斗中,张任在雁桥兵败被擒,刘备劝降他,张任严词拒绝,从容就义。张任虽死,刘循却继续抵抗。在持久的围攻中,庞统被一支冷箭射死,年仅三十六岁。刘备方面在雒县前后围着打了差不多一年,直到南面的诸葛亮、张飞、赵云三军先后迫近,刘备才攻克雒县,继续西进,与诸葛亮等人在成都会师。

建安十九年(214年)夏天,刘璋见大势已去,向老对头张鲁求救。张鲁派马超来救援,谁知马超也投降了刘备。刘璋只好开城向刘备投降。刘备对这个同宗兄弟还不错,让他带着私人财物搬去了荆州居住。

地势险要、土地肥沃的益州,终于落入刘备手中,前后历时三年。至此,"隆中对"的第二阶段基本实现,初步达成了"跨有荆益"的战略态势。原先刘璋手下的一大批文武官员也纷纷加入刘备阵营。

在刘备攻取益州的过程中,诸葛亮也得到了很大的锻炼。赤壁之战时他只是旁观,而攻取益州是他第一次亲自带兵打仗。在一年多时间里,诸葛亮和老将张飞、赵云等人一起,带着几万人马跋山涉水,攻城拔寨,打了不计其数的大小战斗,积累了不少军事经验。同时,因为夺取益州的胜利,诸葛亮在刘备集团的地位以及在天下的名望,也进一步提高。

但是,刘备夺取益州付出的代价也很大,其中最惨痛的就是庞统被冷箭射死。刘备手下能打仗的将领、会办事的文臣有不少,但文武双全,有大局观,能够独当一面的人并不多,庞统就是一位。诸葛亮未来的战略规划,一定给庞统安排了重要的位置,谁想到他没跟刘备几年,就英年早逝了。庞统的死,不但让诸葛亮失去了一位好朋友,也让诸葛亮少了一位共同承担国家重任的战友,甚至使得"三分天下"的战略在人力上缺了一环。

不管怎样,益州总算拿下来了。打下来之后就是治理益州,诸葛亮要挑大梁了。

第六节　诸葛亮治理益州

刘备夺取益州后，给手下文武大臣都发了奖金。其中诸葛亮、法正、张飞、关羽是一等奖，每人赏金子五百斤、银子一千斤、钱五千万、锦缎一千匹。刘备还给大家都升了官，诸葛亮晋升为军师将军，署左将军府事。军师将军是杂号将军里面中等的职位，而署左将军府事，意思是负责左将军的事务。刘备当时就是左将军，诸葛亮实际上就是刘备的执行代理人。

后人习惯称诸葛亮为"蜀相"，意思是治理蜀地的丞相。诸葛亮真正当蜀汉丞相是在章武元年（221年）刘备称帝后，但他从建安十九年（214年）就开始治理益州。军事方面，刘备本人、张飞、赵云等都身经百战。诸葛亮主要还是负责政务，管理地方事务，组织老百姓生产、收税、征兵，以及调整官员职位，等等。

刘备打下益州后，地盘大了，部下的成分也比过去复杂。大致来说，可以分为四拨。第一拨可以叫作"原从集团"，指最早跟随刘备的一批人，以北方人为主，比如张飞、赵云、简雍他们。第二拨是"荆州集团"，指刘备在荆州时期投奔他的人，比如诸葛亮、魏延、黄忠、马良等人。这两拨人多数都是跟着刘备打进益州的。第三拨是"东州集团"，指刘焉、刘璋父子统治益州期间进入益州的外地人，比如吴懿、法正。第四拨是"本土集团",指土生土长的益州本地人,比如黄权。这些人各有各的打算,有的非常仰慕刘备,愿意在他手下干活,也有人心怀不满,或者只是混口饭吃。诸葛亮要处理这些事,千头万绪,非常麻烦。

赵云算是其中的另类。这位刘备的老部下打仗勇猛,忠心耿耿,曾在当阳之败中保护甘夫人和阿斗,又曾从孙夫人手中抢回阿斗。而且,赵云还大公无私,坚持原则,是一个很值得信任的将领。刘备打下富饶的益州后,手下的将领都穷怕了,饿狼一般地把仓库的钱财一抢而空。随后,他们又盯上了成都的良田美舍,要刘备把这些田地房屋也分给各位功臣。这时候赵云站出来说:"西汉大将霍去病因为匈奴没灭,就不考虑为自己安家置业。何况现在国贼曹操比匈奴还坏。就算分田地房屋,也要等兴复汉室、天下安定以后。咱们打进益州,百姓本来就很苦了,应该把田地房屋归还他们,让他们安居乐业,这样才能赢得民心,兴复汉室。"

赵云这番话确实是从大局考虑,但难免得罪同僚。这样忠心直爽的老干部,才是诸葛亮眼中的宝贝。可惜,这样懂道理的人太少了。相反,各种给诸葛亮添麻烦的人倒是层出不穷,其中包括不少才能出众、立下大功的人。

比如马超,过去曾占据西凉,是威名赫赫的一路诸侯,曾跟曹操大战好几年。如今他地盘丢光了,几乎是一个光杆司令过来投奔刘备。虽然是光杆司令,毕竟威名还在。马超在成都城下一吆喝,就吓得刘璋投降了,也算给刘备立下了功劳。刘备拜他为征西将军，也没给他多少实权，就是个空头招牌。

可这样一来，另一位有实权的将军不满意了。镇守荆州的关羽，专门写了封信给诸葛亮，问他：马超的能耐到底有多大？咱们队伍里面，谁可以和他一拼？

关二爷不满了，觉得马超名气大，想要和他争个高低。这可怎么处理呢？好在诸葛亮饱读诗书，又和荆州名士们耍了多年嘴皮子，应付关二爷这种性格的人还是有路子的。他回信说："马超文武双全，是当世的豪杰，好比当年楚汉相争时的英布、彭越，和咱们队伍里的张飞差不多。当然，比起超凡绝伦的关二爷来，还是差一点点的。"关羽看了信哈哈大笑，打消了和马超争高低的念头。有趣的是，关羽还把诸葛亮的这封书信到处拿给人看，给人显摆："你瞧，诸葛亮都说马超不如我了。"

更让诸葛亮头疼的是他的好搭档，刘备的大功臣法正。法正为刘备夺取益州立下第一等的功劳。刘备平定益州后，法正被封为蜀郡太守、扬武将军。法正很有个性。过去他在刘璋手下不受待见，和不少同僚结了仇。现在一朝实权在手，有恩报恩，有仇报仇，有时候竟然一天杀好几个仇人。

有人叫诸葛亮管一下，诸葛亮回答说："法正帮助主公夺取益州，使主公摆脱过去在荆州前后受气的窘迫，从此展翅高飞。他立下这么大的功劳，我怎么忍心压制他呢？"

这件事儿咱们今天听起来不对劲。功臣就可以公报私仇，擅自杀人吗？没道理啊。然而诸葛亮也有他的无奈。他的官职只是署左将军府事，没有权力直接处置法正。要处置法正，只

能报告刘备，但一报告刘备，就成了同僚之间的诉讼。法正是刘备的亲信和功臣，刘备不大可能真严惩他，无非是劝导几句。但法正心胸狭窄，多半会和诸葛亮直接吵架，越闹越大。这样既没法惩罚法正，反而恶化了同僚的关系，没有任何好处。所以诸葛亮只能"装聋作哑"。

诸葛亮管不住法正，但他还得管理蜀地。过去益州在刘璋的统治下，法律很松弛，人们干了坏事也不受处罚，导致社会秩序混乱。诸葛亮制定了严峻的法规来管理蜀地。那些习惯在刘璋统治下"自由自在"的人对此挺不满的，一时怨声载道。

法正劝诸葛亮说："当年汉高祖刘邦打进关中，废除秦朝的严刑峻法，'约法三章'，老百姓都很感激。今天咱们打下了益州，您不给老百姓恩惠，反而用严厉的法律来镇压他们，这不太好吧？"

诸葛亮回答："汉高祖那时候，秦朝原有的法律太严苛，老百姓都活不下去了，所以汉高祖打下关中，反其道而行之，制定宽松的法律，让人民喘口气。刘璋则相反，他的毛病就在于太软弱，下面的人都不把法律放在眼里。有权的人仗势欺人，有钱的人无法无天，普通老百姓也偷奸耍滑，导致社会秩序大乱。所以我制定严厉的法律，对不法行为加以约束，才能恢复正常的社会秩序。"

诸葛亮不怕人骂他严刑峻法，继续严格执法。老百姓最初发牢骚，等他们渐渐习惯了遵纪守法，也感到作为普通人，还是有法可依、执法必严才好。大家虽然受到法律的约束，但也

第二章 促成三分天下

得到了法律的保护。

刘备部下还有一些人，胆大妄为，经常肆无忌惮地议论国家大事，辱骂同僚，甚至讥讽主公。这些人也给诸葛亮带来了麻烦。

比如诸葛亮的好友庞统，在生前曾推荐过一个人才——彭羕。彭羕是益州本地广汉人，身材高大，相貌堂堂，能力也很强。但他为人心高气傲，看谁都不顺眼，以前在刘璋手下就得罪了一帮人，估计还骂过刘璋，被刘璋剃了光头罚当劳改犯。后来刘备打进益州，彭羕去见庞统。庞统看他挺有个性，能力也确实不错，就推荐给刘备，做了谋士。等打下益州后，刘备让彭羕当了大官。彭羕过去受了不少窝囊气，现在是趾高气扬，不可一世，得罪了更多的人。

诸葛亮多次私下劝刘备，说彭羕野心太大。刘备也发现彭羕到处给他惹麻烦，就免去了他在成都的官职，外放到江阳郡去当太守。彭羕非常不爽，有一次居然私下对马超说："这个老兵八（指刘备）如此荒唐！"他甚至怂恿马超："你在外面，我在里面，里应外合，说不定能夺取天下呢！"马超吓得赶紧向刘备揭发，彭羕被抓了起来。

彭羕在监狱里又后悔了。他写信给诸葛亮，信中连连赔罪，检讨自己辜负了刘备的厚恩，又辩解说自己并没有想造反，都是误会。他在信中称赞诸葛亮是"当世的伊尹、吕尚"，希望诸葛亮明白自己的本心。但这会儿求饶已经晚了，彭羕最终被处死。

还有另一位狂士李邈，本是刘璋手下的县令，后来投降刘备当官。大年初一的宴会上敬酒时，李邈上前对刘备就是一通骂："刘璋把你当成宗亲，让你帮忙讨贼，结果贼没讨平，自己先被你平了。你夺取我们益州，是很卑鄙的。"

他这么不客气，刘备也反唇相讥道："你觉得我卑鄙，那当时干吗不帮刘璋打败我呢？"

李邈毫不掩饰地说："主要是打不过你。"

李邈当众对刘备咆哮，负责法律的官员准备判他死刑，但诸葛亮觉得李邈虽然说话难听，但表达的也是他的真实想法。很多投降的益州官员嘴里不说，心里可能也是这样想的。一杀了之是解决不了问题的。诸葛亮就向刘备求情，把李邈给保了下来。这家伙没有吸取教训，二十年后诸葛亮病逝，他再次污蔑诸葛亮，结果被刘禅杀了。

还有位狂士叫张裕，号称会占卜算命。他私下散布言论，说根据占卜结果，刘备虽然得了益州，但九年之后就会失去。这简直就是公开诅咒刘备。刘备要打汉中，张裕又说出兵的日子不吉利，必然吃败仗！刘备忍不住，把他杀了。诸葛亮还想求情，问刘备，杀他的罪名是什么，刘备愤愤地说："就算是芳草，生到屋子里面来了，也只有铲除！"

除了这些让人头疼的狂士，诸葛亮还担负着为刘备选拔人才的重任。过去刘备转战大半个中国，主要依靠人格魅力和壮志豪情，吸引一批"粉丝"聚集在他旗下。这些人长久征战，死的死散的散，留存下来的都是精华。现在刘备地盘大了，又

第二章　促成三分天下

忙于和曹操争战。诸葛亮还没掌握直接的人事大权，但已经开始选拔优秀人才，或者邀请已经成名的人才加盟。

比如荆州零陵人刘巴，一向不喜欢刘备，在荆州的时候就曾不给张飞面子。他一路躲着刘备跑，终于在成都被刘备追上，还是一副臭脸。诸葛亮多次向刘备推荐他，说："要说运筹帷幄，我比子初（刘巴的字）差远了！"刘备就任命刘巴为左将军西曹掾，后来他还接替法正当了尚书令，成为蜀汉名臣。

刘巴的零陵老乡蒋琬，当了广都县令，工作没干好，还被刘备抓住在办公场所喝醉酒。刘备发火了，要杀蒋琬。诸葛亮劝刘备说："蒋琬是难得的人才，和庞统一样，可以管理国家，让他管一个县反而未必干得好。"刘备这才放过蒋琬。等诸葛亮主政时，重用蒋琬，最终蒋琬成为诸葛亮后继的执政者，干得不错，没有辜负诸葛亮的期望。

再如襄阳名士白眉马良，他与诸葛亮关系很好，刘备安排马良负责文书，这离不开诸葛亮的推荐。还有江陵人董和，与诸葛亮共同担任刘备的执行助理。诸葛亮后来回忆说，董和为了公事，经常十次八次地来找他。他希望其他下属也能像董和一样努力。

此外，益州有大批从刘璋手下投降来的文武百官。他们中有的原本就一心向着刘备，还有的原本忠于刘璋，对刘备很反感。诸葛亮礼遇善待他们，人尽其才。在他的努力下，这些人多数也信任诸葛亮，忠于刘备。

诸葛亮就这样努力地治理着益州，使得刘备初步获得的"三分天下"格局更加稳定。

第三章

蜀汉建国与白帝城托孤

第一节　刘备当上汉中王

建安十九年（214年）刘备夺取益州，初步实现诸葛亮提出的"跨有荆益，三分天下"的格局。正当诸葛亮努力治理益州时，东边的孙权却又闹起了幺蛾子。

诸葛亮在"隆中对"里，把江东的孙权当作对抗曹操的盟友，要长期合作。刘备、孙权共同在赤壁打败了曹操，又一起夺回南郡，孙权还在鲁肃的劝告下把南郡"借"给刘备，这方面他对刘备是不错的。但孙权不是慈善家，他要的是争取自己的利益。尤其当初孙权想和刘备一起取益州，被刘备阻止，回头刘备自己却打下了益州，这让孙权很不爽，他把妹妹接回去了，还差点带走刘备的儿子阿斗。

等到刘备正式打下益州，孙权看得眼红，就在建安二十年（215年）派诸葛亮的哥哥诸葛瑾来找刘备说："你把益州打下了，那么荆州也该还给我东吴了。"

刘备当然不愿意，但他有两点理亏，一是赤壁之战后，东吴把南郡借给刘备；二是当初在取益州的事情上，刘备对孙权耍了花招。他没法正面回绝孙权，只好敷衍说："等我打下凉州之后，一定把整个荆州全部给东吴。"

孙权觉得刘备是在拖延时间。他派官吏去荆州几个郡上任，被关羽驱赶回来。孙权大怒，命令鲁肃、吕蒙出兵争夺荆州，自己统率大军在后方接应。吴军很快占了南面的长沙、零陵、桂阳三个郡。刘备也不甘示弱，命令关羽带荆州军队屯兵益阳，自己从益州带着大军顺江到公安，准备豁出去与东吴干一架！

双方剑拔弩张，诸葛亮怎么办？在《三国演义》中，诸葛亮依然神机妙算，把孙权、鲁肃和诸葛瑾玩弄于股掌之上。实际上诸葛亮此时相当痛苦矛盾。按他的"隆中对"，东吴是必须结交的，而荆州则是北伐的重要基地。现在东吴索要荆州，如何化解这一矛盾？或许可以割让几个郡来妥协。但刘备不愿意，诸葛亮有什么办法？东吴派来的使者偏偏还是自己的亲哥哥。兄弟俩自幼丧父，又长期分离。这次为了索要地盘而见面，真够伤人感情了。更严重的是，一旦孙刘两家开战，曹操从中渔利，那可就糟了。

诸葛亮正在着急，谁知道"渔翁"曹操按捺不住，亲自下场了。他调集大军到关中，准备进攻汉中的张鲁。这下刘备先慌了，心想张鲁哪里是曹操的对手，一旦曹操夺了汉中，下一步必然就是攻益州了。如果再跟孙权开打，岂不是两面受敌？恰好孙权也想着，不能和刘备的主力血拼，让曹操趁机扩张。两家都怕曹操，就有了联合的可能。

经过诸葛亮和鲁肃的居中协调，孙刘两家再次妥协，以湘江为界分割荆州。东部的江夏、长沙、桂阳三个郡归孙权，西部的南郡、武陵、零陵三个郡归刘备。至于北部的南阳、襄阳等地，是被曹操占着的。瓜分荆州之后，刘备留下关羽驻防荆州西部，自己带主力撤回益州，准备应对曹操。孙权则转头向北攻打合肥。孙刘两家再次共同抗曹，天下大势也重新回到诸葛亮"隆中对"的规划上来了。

没多久，曹操就打败张鲁，占领了汉中。

汉中，在文学作品中被称为"东川"（益州为西川），今天属于陕西省南部，但位于秦岭之南，从地理上来说，和四川关系更为紧密。汉中是益州东北的屏障。历史上，如果一个势力同时占据汉中和益州，那么进可威胁关中，退可两川互保；相反，当汉中被敌人掌握时，益州就等于在敌人的刀锋之下了。

按诸葛亮的"隆中对"，日后要北伐关中，当然要先占领汉中，取下这个桥头堡。但是曹操抢先进攻，张鲁投降。这下，刘备的大后方等于直接被曹操的枪口瞄准了。益州一度人心动荡，惶惶不安。曹操手下的刘晔、司马懿等劝曹操趁势进攻益州，但曹操年纪大了，进取心不如从前。加上东吴在合肥发动攻势，最终曹操收兵回去，留下大将夏侯渊、张郃、徐晃等驻守汉中。

刘备要夺下汉中威胁关中，曹操要占据汉中威胁益州，这个地区成为曹刘两军的争战焦点。当年冬天，张郃从汉中出兵进攻"三巴"（巴郡、巴西郡和巴东郡）地区。刘备派张飞迎战，大破张郃。双方的第一次交锋刘备占上风。

次年（建安十六年，217年）冬天，刘备在法正的劝说下反攻汉中。他派张飞、马超、吴兰、雷铜等将领从左翼进攻武都、下辨。曹操派堂弟曹洪、侄儿曹休拦截。两军对峙几个月，曹洪、曹休斩杀吴兰、雷铜，张飞、马超退兵。双方第二次交锋刘备吃亏了。

刘备又派陈式向马鸣阁（今四川广元一带）行动，再次被徐晃击败。

刘备百折不回，越挫越勇。他亲自与谋士法正、老将黄忠等率大军继续进逼汉中，又在阳平关被夏侯渊、张郃挡住。两军连日大战，刘备急令镇守后方的诸葛亮赶紧从后方增援！

接到刘备的文书，诸葛亮与属下们商量。从事杨洪说："汉中是我们益州的咽喉，没有汉中就没有益州。汉中之战关系到生死存亡，全体军民都应该动员起来，男子上阵打仗，女子搬运物资，豁出去跟曹操干！没什么可犹豫的！"诸葛亮对此大为赞赏，在整个益州范围内进行了总动员，把人力和物资源源不断地向前线调集，为刘备"输血"。

前方吃紧，后方也闹了乱子。建安二十三年（218年），流寇马秦、高胜起兵造反，聚集了几万人马，打到距离成都只有一百多里的资中县。一时之间，成都人心惶惶。这时候，犍为太守李严挺身而出，带领本郡五千地方军出击，以少胜多，杀了马秦、高胜。几万流寇投降，李严安抚他们，给他们恢复了民籍。随后南方越嶲郡的夷族首领高定起兵造反，又是李严带领本部人马日夜兼程前往，杀得夷人大败，纷纷逃回山寨。

诸葛亮主持内政，不断提供支援；李严带兵讨叛，保证国内安稳。这样刘备便可以全无后顾之忧，安心在汉中前线和曹魏作战。建安二十四年（219年）春天，刘备在定军山大破曹军，斩杀汉中曹军总指挥夏侯渊，取得决定性的胜利。曹操急忙带着大军从长安过来增援。然而刘备已抢得先手，分兵占据汉中地区的要地，扼守坚壁，与曹操对峙。几个月后，曹操坚持不住，裹挟当地的老百姓撤退。汉中终于成为刘备的囊中之物。

曹刘争夺汉中之战，前后历时近两年，是蜀汉集团的生死之战。刘备第一次正面击退老对手曹操，取得战略上的胜利。这场大胜利也是蜀汉内部通力合作的结果。主力军团的刘备、黄忠、法正、张飞、马超发挥各自的才能，立下功劳。留守的诸葛亮、李严等人平定叛乱，及时送上人力物力增援，也为胜利做出了决定性的贡献。

夺取汉中之后，益州获得北部屏障，成都平原成为稳定的大后方。从汉中翻越秦岭，便是富饶的关中平原。四百余年前，刘邦就是以巴蜀为后方基地，从汉中出发，夺取关中，进而一统天下。现在刘备也打算复制祖宗的老路了。

由于汉中丢失，曹操控制的荆州北部宛城闹了乱子，守将侯音起兵造反，还跟关羽联络上了。

趁着这个机会，刘备派义子刘封从汉中顺着汉水东下，又派孟达从荆州秭归出兵，两面夹击，攻打房陵（今湖北房县）、上庸（今湖北竹山）等郡。房陵、上庸很快被占，上庸太守申耽和弟弟申仪都投降了，房陵太守蒯祺则死于战斗中。蒯祺是诸葛亮的大姐夫。诸葛亮所在的阵营打了胜仗，自己却死了亲戚，这也是没办法的事。

随着夺取汉中、上庸、房陵，"隆中对"的计划又迈进了一大步。为了更好地树立反曹兴汉的旗帜，刘备在建安二十四年（219年）初秋准备称王。那时候，理论上当王得由皇帝册封，刘备手下的群臣就联名给汉献帝上表，请朝廷封刘备为汉中王，拜大司马，以消灭曹贼，兴复汉室。在这个奏表上，诸葛亮排名第五，前面的几个分别是马超、许靖、庞羲、射援，都属于名声大、资历深、地位高，但没太多实权的。诸葛亮及排后面的关羽、张飞、黄忠、法正、李严才是实权人物，其中诸葛亮高居第一。

这封表文送到许昌，曹操当然不可能让汉献帝批准。但刘备只要有这个上表的流程就够了。随后，他在汉中城外筑起高台，加封自己为汉中王，拜大司马。刘备的儿子刘禅当上了王太子。老部下许靖升为太傅，谋士法正为尚书令；关羽、马超、张飞、黄忠分别晋级为前、左、右、后四将军。诸葛亮曾劝刘备，说黄忠以前地位不如关羽、张飞、马超，现在和这三人平级，张飞、马超知道黄忠在汉中立下的功劳，不会说什么，而关羽不清楚，可能会不服气。事后，关羽果然为这个闹情绪，幸亏使臣费诗劝解关羽，说他是汉中王情同手足的心腹，不应该去和黄忠计较将军职衔的高低，这才没闹出乱子。

诸葛亮作为刘备的头号谋臣，他的官职却没变化，依然是军师将军。只不过"署左将军府事"变成了"署大司马府事"。不过诸葛亮追随刘备，原本就不是为了高官厚禄。当初他以军

师中郎将的身份，就能管理三郡，领兵入川，现在他依然是负责管理益州的大管家，官职等级高低意义不大。这个道理跟费诗劝关羽是一样的。只不过关羽需要别人劝说，而诸葛亮本来就看得开。

刘备在汉中称王之际，驻守荆州的关羽率领本部人马北伐，跨过了襄江。曹操大将曹仁、于禁、庞德迎击。正好秋天发大水，关羽"水淹七军"，斩杀庞德，生擒于禁，曹仁带着几千人马龟缩在樊城。一时之间，关二爷威震华夏，荆州、豫州一带，到处都有人打着关羽的旗号起兵响应，吓得曹操想要迁都躲避。蜀汉势力达到了巅峰，"隆中对"中"两路北伐"的态势，看起来就要实现了。

然而，天有不测风云。刘备和诸葛亮都想不到，蜀汉很快要从巅峰往下跌落。

第二节　荆州传来的噩耗

荆州是诸葛亮隐居十年之地，也是刘备重新创业的根据地。在诸葛亮的"隆中对"里，分两路北伐中原，其中一路就是从荆州出发。然而对东吴来说，荆州位于江东上游，也是对江东非常重要的地区，孙权做梦都想要拿到手。在建安二十年（215年）的冲突中，刘备把桂阳、长沙郡分给东吴，但孙权并不满足。

诸葛亮在荆州的时候，努力协调双方矛盾。但现在诸葛亮要经营益州,只能让关羽独镇荆州。关羽打仗很厉害,政治和外交才能却很差。他为人骄傲,遇到矛盾不会好好协调,只知道一味威逼。关羽在荆州六七年,不但和东吴的关系搞得很僵,而且荆州本地的很多官员都对他又怕又恨。如果庞统还在,倒可以去帮关羽处理人际和外交问题。可惜庞统早在几年前就战死了。

与此同时,鲁肃在建安二十二年(217年)去世了。鲁肃是东吴屈指可数的战略家,他担任东吴统帅时,虽然也曾和刘备抢夺荆州,但整体上还是主张维持孙刘联盟的。现在,诸葛亮不但失去了一个好朋友,更失去了孙刘联盟的维护者。接任陆口吴军统帅的是吕蒙。他是个激进派,一门心思要拿回荆州。这让荆州的局势更加恶劣。

建安二十四年(219年)初,刘备、诸葛亮的主要精力都在和曹操争夺汉中。打下汉中之后,攻占房陵上庸、刘备称王……大半年时间就这么过去了。下半年关羽大举北伐,虽然短时间内取得了惊人的战果,却让东吴方面更加不安。

曹操在关羽的军事压力下,采用司马懿、蒋济等人的计策,和东吴暗中联络。雪上加霜的是,关羽因为打了胜仗而骄横,进一步得罪了盟友。孙权曾为自己的儿子向关羽的女儿求婚,关羽不但拒绝了,还辱骂使者;水淹七军后,关羽又擅自动用东吴在边境的粮食。这些行为进一步把东吴推向曹操一边。最终,孙权拍板,背刺刘备,抢夺荆州!

东吴大将吕蒙和陆逊先在关羽面前装弱,降低关羽的警惕,引诱他把防守荆州的主力调往前线，使荆州后方空虚。接着，吕蒙亲率精锐部队伪装成商船发动突袭，史称"白衣渡江"。荆州守将糜芳、傅士仁等，早已对关羽不满，先后投降。荆州三郡闪电般陷落。

同一时间，曹操派出徐晃等大将增援襄樊，截击关羽。关羽的几万人马，直接面临曹孙两家主力的夹击。他在襄樊前线被徐晃击败，南撤想夺回荆州，结果手下将士的家属都在荆州被东吴俘获，因此军心涣散。关羽最后败走麦城，被吴军擒获杀害。

这一切发生得太快了，在益州的刘备和诸葛亮根本没反应过来，更别提援救关羽了。

这一次，诸葛亮经受了建安十二年（207年）出山之后最惨烈的一次打击。过去十余年，刘备集团按照诸葛亮的"隆中对"战略，一步一步扩张实力，虽然中间也有起伏，但整体局势对其越来越有利，谁知道猛然来了一个如此剧烈的跌落。

诸葛亮并不是蜀汉的当家人，只是大管家。无论是关羽的冒进，还是刘备的整体规划，诸葛亮都只能建议，没有决定权。面对这惨烈的失败，诸葛亮也进行了反思和检讨。他觉得，这次失败的根源在于太过冒险，没有准备周全。因此，后来的诸葛亮变得小心谨慎，生怕哪里做得不到位引起崩塌。

失荆州这件事，是多方面原因造成的。既有孙权背盟、守将叛变这些客观因素，也有关羽自己的主观责任。而刘备、诸葛亮、法正等人，也有战略规划疏漏、防备不到位的错误。

第三章　蜀汉建国与白帝城托孤

负责人关羽已经死了。刘备一时没法收拾背叛的盟友孙权。投降东吴的糜芳和傅士仁,《三国演义》说他俩后来在夷陵之战中被刘备抓住处死,历史上他俩没这么惨,反而在东吴一直享受荣华富贵。只是叛徒的日子终究不好过,东吴大臣虞翻见他们一次就骂一次,次次骂得他们狗血淋头。

还活着留在益州的大臣,却得有人来承担责任。

叛徒糜芳的哥哥糜竺非常羞愧。他叫人把自己绑起来,到刘备面前磕头请罪,希望接受处罚。刘备解开绑绳,安慰糜竺说,你弟弟做的坏事,不能让你来承担责任。然而糜竺还是羞愤交加,过了一年多就死了。

真正被追究责任的是驻守上庸、房陵的刘封、孟达。

上庸、房陵位于荆州、益州交界处,向东南是川口要地白帝城,再往东可接江陵;直接沿汉水东下是襄阳、樊城;往西溯汉水而上是汉中。总之,这是个非常重要的地点。

副军中郎将刘封,年纪轻轻,打仗勇猛,当初跟随诸葛亮入川立了不少功劳。刘封还是刘备的义子,是刘备当继承人收养的。可是后来刘备又有了阿斗。诸葛亮知道,一旦六十岁的刘备归天,十多岁的阿斗怕是镇不住刘封,没准哥俩还会为抢夺继承权闹起来。他对此一直忧心忡忡。现在刘封被放在上庸,既可以说是重用,也可以说是边缘化。

孟达也挺不容易。当初他和张松、法正出卖刘璋,迎接刘备,结果张松被刘璋杀了,法正成为刘备麾下数一数二的谋臣,孟达却被发配到这里来给刘封打下手。刘封在这穷乡僻壤也不爽，多次欺负孟达，孟达很是痛苦。

至于申耽、申仪本来就是地头蛇，迫于刘封、孟达的军威才投降刘备，哪里还谈得上什么忠诚度。

关羽在北伐一路高歌猛进时，曾要刘封、孟达出兵顺汉水而下助战。刘封和孟达觉得，他们手下只有几千兵力，本地刚刚打下来不久，要是擅自出援，后方发生变故怎么办？就没有派兵去。随后，关羽就败亡了。

平心而论，刘封、孟达就算派了兵去帮助关羽，对大局也没什么帮助，荆州该丢还得丢，说不定连上庸也会被偷袭。但关羽的职位是前将军，假节钺，有资格调动地方兵马。就是说按道理，刘封和孟达应该服从关羽的命令。现在他们违令不遵，最后关羽败亡了，这性质可就严重了。刘备把怒火发泄到他俩身上。

孟达很聪明。他知道自己在刘备集团绝没好果子吃，就抢先一步投奔曹魏去了。临走之前，他给刘备写了一封告别信，诉说自己的不得已，写得情真意切。但回过头，他就带着夏侯尚、徐晃等曹魏大将来打上庸，还写信劝降刘封。刘封把信撕了，出兵和孟达交锋。谁知申耽、申仪也跟着反叛，里应外合，刘封丢了上庸，败回成都。

诸葛亮劝刘备趁这个机会除掉刘封，免得以后给刘禅的继位造成威胁。刘备和刘封相处十几年，父子之情也是真的。但他听了诸葛亮的话，最终还是赐刘封自杀。临死前，刘封叹息道："可惜我没有听孟达的话啊。"刘备则痛哭流涕。历史上的刘备不像《三国演义》中那样动不动就哭。他这一次是真伤心了。

刘封之死说到底，一是荆州丢失需要抓人出来问罪，二是为了未来刘备死后，不至于发生继承人争斗。而刘封确实违抗了关羽的军令，杀之不冤。诸葛亮在其中做了"恶人"，可以说他害死了刘封，但这是为了刘备集团的稳定与发展。

当时的诸葛亮也根本无法顾及后世对自己的评价，另一个更严重的问题需要他和刘备解决。

第三节　诸葛亮当丞相

正当诸葛亮因为丢失荆州而伤心时，建安二十五年（220年）初，曹操去世了。曹魏方面一度发生混乱，青州兵哗变，曹彰企图凭武力过问继承权，继承了魏王和丞相之位的曹丕又想方设法打压亲兄弟曹植。

诸葛亮在"隆中对"中预言等"天下有变"的时候，刘备可以分两路北伐。现在天下已经发生了变故，但蜀汉已经没有这个实力了。关羽死了，荆州完全丢了，孙权背叛同盟，反而向曹魏称臣。诸葛亮心中在滴血。一个梦寐以求的机会摆在眼前，却因为之前的错误而只能眼睁睁错过，这真是太折磨人了。

到当年冬天，曹丕终于做了他爹曹操不敢做的事：篡位当皇帝。汉朝末代皇帝刘协"禅让"帝位给曹丕。曹魏王朝取代了汉朝，改元黄初元年。三国中第一国——曹魏正式建立，历史也正式进入三国时期。刘协被封为"山阳公"，此后他又活了十四年。这位与诸葛亮同龄的皇帝，摆脱这个傀儡皇位后，没准反而还能过得舒坦些。

曹丕篡汉，在我们后世人看来，不过是历史上的一次改朝换代。但对于当时忠于汉室的人来说，这是巨大的震撼。很快消息传到益州，而且真相中混杂了谣言：据说曹丕不但自己当了皇帝，还杀害了刘协。

汉中王刘备在次年闻讯，先给刘协办丧事，谥其为"孝愍皇帝"。葬礼上，刘备发誓要高举汉朝旗号，与逆贼斗争到底。然而国家不能没有皇帝啊，诸葛亮觉得是时候让刘备继承汉朝皇位了。刘备敢作敢为，有英雄气魄。他志向远大，礼贤下士，军事、政治、用人等各方面都很厉害，而且仁义爱民。这样一位君主，是诸葛亮心中最佳的皇帝人选。再说刘备也姓刘，是汉室宗亲。他来当皇帝，那么汉朝就可以算还没灭亡。

诸葛亮是这么想的，刘备手下的大多数文官武将也是这么想的。因此在延康二年（221年，曹魏黄初二年），诸葛亮等大臣纷纷上书，希望刘备顺应天意人心，登基称帝。但也有一些人像费诗、刘巴，他们反对刘备称帝，认为现在篡位的曹丕还没消灭，刘备就急着自己称帝，这说不过去。

刘备自己其实还是想当皇帝的，但听着这些反对意见，心里也很犹豫。这时诸葛亮再次出马，劝刘备说："现在曹丕篡夺皇位，天下已没有主人。天下人都痛恨曹贼，可惜找不到领

第三章　蜀汉建国与白帝城托孤

头人。您作为汉朝王室的后裔，本来就应该担负起这个责任，即位称帝！您手下的文武英雄们，不辞辛苦地跟着您，也是为了干出一番事业。要是您再这么推辞，恐怕人心都会散了。"

诸葛亮把话说得这么明白，刘备也就下定了决心。农历四月，刘备在成都郊外举行了仪式，自称皇帝，改元章武，立吴懿的妹妹为皇后，刘禅为皇太子。就这样，三国中的第二国——蜀汉也建立了。后世管这个政权叫蜀汉或者简称蜀国，而他们自己的正式称呼还是"大汉"，也就是东汉王朝的延续，并不是新建了一国。

刘备称帝后，任命马超为骠骑将军，张飞为车骑将军，诸葛亮则从"军师将军"、"署大司马府事"，一跃成为"丞相"。同时，诸葛亮还录尚书事，假节。"丞相"是朝廷百官的首领，是最尊贵的职位。"录尚书事"掌管政府的实权，"假节"就是代表皇帝，可以直接杀犯军令者。诸葛亮真正成为一人之下、万人之上的存在。

虽然当上了最大的官，但诸葛亮根本顾不上得意。因为这时候他的阵营面临的局面非常危险。

从国家实力来说，三年前开始的汉中之战，已经大大消耗了益州的人力物力。随后东吴背叛、荆州丢失，蜀汉不但损失三分之一的国土，还损失了大批军队。

从天下格局来说，当时曹、刘、孙三家里面，曹丕篡汉称帝，而刘备自称继承汉朝，两者当然是不共戴天之仇。原本的盟友孙权，也彻底和刘备翻脸。也就是说，三国中蜀汉实力最弱，

却同时跟两家结仇。

让诸葛亮忧虑的，还有人才的缺乏。蜀汉最能打的将军关羽在建安二十四年战死，此后猛将黄忠和谋臣法正也分别在建安二十五年（220年）和章武元年（221年）去世了。在最需要通力合作的时候，诸葛亮接连失去可以共同分担压力的伙伴，感到很孤单和疲惫。

更麻烦的问题在于，下一步该怎么办。

诸葛亮的"隆中对"作为刘备集团的战略计划，已经执行了十多年。北拒曹操，东联孙权，占据荆州和益州，然后分路北伐，这是"隆中对"的基本方针。然而现在孙权成了敌人，荆州也被抢走，怎么办？是继续忍气吞声联合孙权呢，还是先抢回荆州？

刘备选择了后者：讨伐孙权，夺回荆州，为关羽报仇！赵云反对说："国贼是曹操，不是孙权。只要灭掉曹魏，孙权自然会降服。现在曹操已死，他儿子曹丕刚篡位，天下人都义愤填膺。咱们应该趁势先进攻关中地区，占领黄河、渭河的上游，这时候中原、河北的忠义之士必然都会纷纷响应，天下大局可定。如果先去攻打东吴，一旦开战形成僵局，反而给曹丕可乘之机，这就是下策了。"还有不少文武官员也劝谏，刘备都没有听。

这倒不是因为刘备被愤怒冲昏了头脑。刘备做这个决定，也是基于曹魏实力强大，在关中地区经营已久，真要打也不是一时半会能拿下的。相反，荆州才被东吴夺去一年多。他的战略考虑是先打弱敌。如果顺流而下击败东吴，夺回荆州，就能为蜀汉赢得较为有利的态势，下一步哪怕再重新结盟也比较有利。当然，即使面对东吴，蜀汉的国力还是比较弱的，这种策略依然很冒险。

诸葛亮应该是不大赞同刘备伐吴的，毕竟孙刘交战与"隆中对"的大方向是矛盾的，但他也没有出来公开反对伐吴。因为诸葛亮身为丞相，如果与皇帝刘备争执，可能破坏朝廷的稳定。再说，诸葛亮也没有信心说服刘备，因此他选择了妥协。后来刘备在夷陵之战败北，诸葛亮感叹说："要是法正还活着，一定能劝阻刘备东征，就算劝阻不了，也不会败得这么惨！"从这里我们也可以看出，诸葛亮有多么的无奈。

第四节　白帝城托孤

蜀汉章武元年（221年）夏天，刚称帝的刘备出兵东征孙权。结果开战之前，车骑将军张飞就被手下的范强、张达杀害了，他们带着张飞的脑袋去投奔东吴。刘备怒上加怒，挥师沿着长江向东进发。刘备几十年征战，打仗还是很厉害的。秋天，蜀汉前锋吴班、冯习在三峡击败东吴大将李异、刘阿，占领秭归。荆州南部武陵一带的少数民族首领和地方豪强纷纷响应。

东吴孙权派人求和，但条件没谈拢。于是孙权厚着脸皮，向曹丕投降称臣，被曹丕封为吴王。这样，原本的汉末军阀孙权，

名义上成了曹魏的藩属国，孙权俗称"大魏吴王"。三国时代的第三个国家吴国，到这会儿算建立了一半。

孙权联合魏国的同时，任命比诸葛亮小三岁的陆逊为大都督，率军迎战刘备。章武二年（222年），刘备继续东进。他命令黄权带一支军队沿着长江北岸进发，掩护主力军侧翼。自己带主力沿长江南岸挺进。东吴主帅陆逊后撤几百里，守住江陵西边的夷陵、夷道、猇亭一带。刘备屡次挑战，但陆逊就是不出战。双方对峙了半年。

战局看起来是蜀汉军占优，吴军不敢出战。然而刘备心里有苦说不出。为了维持从四川到湖北的后勤运输，防止被东吴的水军截断粮道，蜀汉军被迫在从三峡到夷陵的几百里到处安营扎寨，分兵把守。刘备速战速决的打算落空，军队士气渐渐耗尽。到了这年夏天，陆逊反击，首先用火攻扰乱蜀汉军，然后全线进攻，把几百里联营的蜀汉军截成一段一段的，逐个消灭。蜀汉军大败，损失数万人。刘备勉强逃出重围，随行的冯习、张南、傅肜、程畿等文武官员都死于乱军之中。长江以北的指挥官黄权，也被吴军隔断退路。他不甘心降吴，只好投降了魏国。

这就是历史上有名的夷陵之战，或者叫猇亭之战。蜀汉继关羽丢失荆州之后不到三年，又遭受了第二次惨败。

在《三国演义》中，诸葛亮看到刘备联营几百里就大叫不妙，派赵云前去接应，杀死东吴大将朱然，救出刘备。他还在三峡口布下八阵图，吓退了追击而来的东吴主帅陆逊，保全了刘备的平安。历史上诸葛亮没这么神。面对刘备一心东征的计划,他毫无办法,只能默默地帮刘备镇守成都,安排后勤。刘备在秋天败退到白帝城后,把溃败下来的残兵整合起来,恢复了一部分军威。而东吴孙权虽然打了胜仗,却遭到曹魏攻击,赶紧和刘备停战。战场方面的局势,其实已经缓和下来。

夷陵之战后的局势

孙刘交战之初,魏国大臣劝皇帝曹丕趁机出兵夹击孙权,占领江东之地,再对付刘备。而曹丕按兵不动,打算等孙权和刘备拼个你死我活之后,再出兵坐收渔翁之利。谁知道陆逊用火攻一举打败刘备,曹丕这才匆忙出兵南下。东吴已经腾出手来,击退了魏军。孙权明白曹丕才是最大的威胁,就向刘备求和。 小贴士

但是刘备毕竟已经六十多岁,他不仅没抢回荆州,还损失了这么多兵马,精神上再也支撑不住,身体也垮了。刘备自知时日无多,发诏书叫来诸葛亮和李严。等诸葛亮在章武三年(223年)春天到达永安行宫时,六十三岁的刘备已然卧床不起。

刘备最放不下心的,就是眼前的这一小片江山。打了败仗,损兵折将,现在蜀汉国力最弱,自己一死,年仅十七岁的太子刘禅,怎么守住这个国家啊?

于是,刘备把刘禅托付给诸葛亮:"丞相,我儿子就拜托你了。"

在中国古代,一国君主临死前,让年轻的儿子继位,让身

边位高权重的大臣来辅佐，这种"托孤"是很常见的。但刘备对诸葛亮的这次"白帝城托孤"不寻常，因为他还对诸葛亮说了另一句话："您的才能比曹丕强了十倍，一定能安定国家，成就大业。如果您觉得我儿刘禅值得辅佐，就辅佐他。如果不值得，您可以自己当皇帝。"

封建社会一般都是"家天下"，父亲死了传位给儿子，没有儿子就传给兄弟、侄儿。刘备却公然说诸葛亮可以自己当皇帝，实在是骇人听闻。一百年后有个历史学家孙盛，他认为刘备这道遗命根本站不住脚，难道君主不贤明，臣下就可以以下犯上，甚至谋反篡位吗？还有人认为，刘备这只是在试探诸葛亮是否忠心，如果诸葛亮敢暴露出野心，刘备就会喝令刀斧手冲出来砍了诸葛亮。但是，假设诸葛亮真的有野心，那么刘备的这种试探一点意义都没有。因为诸葛亮完全可以装出一副忠臣的样子，演戏骗过刘备。等刘备死了，诸葛亮掌握了大权，再想要篡位的话，完全可以把刘备这句话拿出来当借口。

刘备自己从底层起家，征战数十年，大起大落好几次。好不容易依靠诸葛亮的"隆中对"打下了一片江山。作为一个父亲，他当然也希望自己的儿子能够坐稳这个江山，但首先要让这片江山能够延续下来，保住"三分天下"的地位。如果能进而一统天下，造福万民就更好了。

自己的儿子到底能不能守住江山，刘备心里没谱，所以就让跟随自己多年，推心置腹的诸葛亮来决定吧。毕竟，要实现刘备的愿望，到底该做些什么，诸葛亮比刘禅更清楚。

第三章 蜀汉建国与白帝城托孤

再说，当时的局势也容不得刘备做其他选择了。蜀汉在三国中最弱小，又同时和曹魏、孙吴两家为敌。老皇帝刘备一死，换个十多岁的少年皇帝，下面的那些文武官员很可能各自打着算盘，谁也不听谁的，国家可能四分五裂。要防止这种危机，必须有一个能力出众的人，统一掌握军政大权，让所有的人都服从他。刘备说出这句话，其实是在向全国昭示诸葛亮的权力，让大家明白，诸葛亮在刘备死后，就是蜀汉的掌舵人，连新皇帝刘禅都必须听他的！这样一来，诸葛亮才能整合蜀汉的全部力量，对抗曹魏，延续政权。至于说诸葛亮获得这样绝对的权力后会不会篡位，刘备对诸葛亮很信任，再说就算诸葛亮真的篡位了，刘备也接受。辛苦打下的江山，最后让老战友诸葛亮来当皇帝，也好过被曹魏吞并吧。

面对刘备这样的信任，诸葛亮又是惊讶，又是感动。他流着眼泪说："陛下对我这么信任，我一定竭尽全力，忠心到底，至死方休！"

刘备又对儿子刘禅说："人活五十岁就不算早死，我现在已经六十多岁了，唯一牵挂的是你们兄弟三个。你们一定要努力啊！即使是再小的坏事，也不要随便妄为；即使是再小的好事，也应该努力去做。只有贤才和品德，是可以让人信服的。（原文：勿以恶小而为之，勿以善小而不为，惟贤惟德，能服于人。）你老爹我品德还不够，不是你们学习的好榜样。以后你们跟着诸葛丞相，应该像对待父亲一样对他！"

诸葛亮完全被刘备的诚意打动了。正如在十六年前，他被刘备的三顾茅庐所感动，从而决意出山辅佐刘备；十五年前，他被刘备"以人为本"不肯抛弃民众的行为所感动，认定这是一位值得同生共死的君主。如今，刘备将整个江山托付给他，印证了他当年的判断。而诸葛亮自己也下定决心，豁出自己的性命也一定要辅佐刘禅，为蜀汉政权竭尽全力。

第五节　诸葛亮辅佐刘禅

章武三年（223年）农历四月下旬，六十三岁的刘备去世，后世称他为汉昭烈帝。现在他大半生奋斗留下的基业，是彻底压在诸葛亮身上了。

继承刘备皇位的是他的儿子刘禅。刘禅字公嗣，小名阿斗。他是诸葛亮在生命中的最后十余年辅佐的皇帝，也是刘备仅存的三个儿子中的老大。刘禅出生在建安十二年（207年），那一年刘备四十七岁，刚刚请诸葛亮出山相助。事实上，刘备在这之前是有过不止一个儿子的，但他转战大半个中国，多次吃败仗，妻儿多次被人抢走，所以到头来，老来得的儿子刘禅，却成了他幸存儿子中最年长的。

后世的人说起刘禅，往往都认为他是个昏君、废物，净拖诸葛亮、姜维等人的后腿。小说《三国演义》中就把刘禅的昏君形象塑造得活灵活现。并且，早在罗贯中写这本书之前，历代文人们就对刘禅各种嘲讽。他的昏君帽子是摘不掉了。人们

第三章 蜀汉建国与白帝城托孤

都说，诸葛亮真是不幸啊，要辅佐这么一位不成器的少主。

不过，作为当事人的诸葛亮，对于刘禅的评价却没那么差。在刘备的遗诏中就曾提到，诸葛亮最近感叹，刘禅在智力和度量方面都大有进步，让诸葛亮惊喜。刘备也很高兴，说阿斗能这么乖，那我老头子也就没什么好担心的了。

这可不光是诸葛亮说好听的话安慰刘备。刘禅这位皇帝，确实也不是人们想象中那种专门坏事的昏君。

刘禅的亲生母亲甘氏，不是刘备的正妻，而是刘备的妾。在古代，妾的地位是很低的。甘氏长得很漂亮，而且为人贤德，战乱中刘备的几任正妻或去世或走散，甘氏成为实际上刘备的后宫之主，但身份依然是妾。她在赤壁之战后去世，刘备称帝后也只不过追谥她为皇思夫人。等刘备去世、刘禅继位后，才由诸葛亮上表，把甘夫人追谥为昭烈皇后，与刘备合葬。

刘禅不但是庶出，而且命运坎坷。他生下来一年就遇上了当阳的溃败，差点被曹军抓走，幸亏赵云拼死相救。过了三年，又差点被继母孙夫人绑架到东吴去当人质。刘备攻取益州后，刘禅也到了益州。之后刘备在外打仗，负责教育刘禅的就是诸葛亮。章武三年（223 年）刘备去世时，刘禅年仅十七岁。这样一个年轻的皇帝，统治一个最弱小的国家，明明是岌岌可危，结果他却从公元 223 年到公元 264 年，连头带尾坐了四十二年的皇位。在刘禅的统治下，蜀汉内部的政治状况最为稳定。到了三国中后期，魏国和吴国都发生了大臣把持权力，欺负皇帝的事情。大臣之间为了争权夺利，相互残杀，甚至爆发内战。

比如魏国的司马懿父子把持国政，皇帝曹芳被废，曹髦被杀；吴国先后有诸葛恪、孙峻、孙綝专权，皇帝孙亮也被废黜。而在蜀汉，刘禅端坐皇位，他手下的大臣们虽然也相互斗争，但很少流血杀人。

刘禅看起来昏昏碌碌，却能让蜀汉内部这样稳定。这一方面可以归功于刘备、诸葛亮在前期为蜀汉打下的基础，另一方面也离不开刘禅本人的能耐。刘禅最大的能耐就是知道自己无能，不去瞎折腾。刘备让刘禅像对待父亲一样对诸葛亮，换句话说就是让诸葛亮掌握大权，刘禅仅仅当一个名誉上的皇帝。而刘禅很好地完成了这个任务，老老实实把国政完全托付给诸葛丞相。诸葛亮去世后，蒋琬、费祎等先后接过诸葛亮的重担，他们遵行诸葛亮的遗命，但是能力和威望比诸葛亮差了不少，于是刘禅逐步开始把权力收回来。等到费祎死后，姜维掌握军权，一心继承诸葛亮遗志，频频出兵北伐。而刘禅让姜维带兵的同时，也任用诸葛瞻、董厥、樊建等人分权。

总之，刘禅的才能虽然有限，但他既不是完全无能的昏君，更不是酷虐嗜杀的暴君。诸葛亮在世时，他能给予诸葛亮最大的支持。诸葛亮去世后，他也能把蜀汉政权保全三十年。最后，在景耀六年（263年），魏国大举进攻蜀汉，邓艾兵临成都城下时，刘禅不战而降，并在投降后说出"乐不思蜀"的话，在大势已去的情况下，选择明哲保身。

诸葛亮接受刘备遗命，刚刚当政的时候，刘禅年龄还小，对诸葛亮真的是像对待父亲一样，完全放权。诸葛亮的责任心很强,大权在握后,大事小事都自己包揽。身为皇帝的刘禅,基本一点实权都没有。他忍不住酸溜溜地发牢骚:"国家政务都是诸葛相父管,朕只负责祭祀活动。"不过也就仅限于牢骚而已。类似于青春期的学生,对老师家长的那种逆反、闹脾气。他并没有真的去夺权,给诸葛亮拖后腿。

诸葛亮在他人生的最后十余年,能够辅佐这样一位懂事的小皇帝,也算是比较幸运的事情了。

《三国演义》中诸葛亮与刘禅的君臣关系

《三国演义》中写诸葛亮四出祁山时,原本已经气死曹真,胜利在望,谁知道刘禅听信谗言,以为诸葛亮要篡位,就发诏书把诸葛亮召回。诸葛亮明知道这是魏国用的反间计,但也只能无奈退兵,从而功亏一篑。这是罗贯中虚构的文学情节。历史上,以当时诸葛亮的地位和权力,就算刘禅真的下诏书召回他,诸葛亮也完全可以不理睬而继续北伐。罗贯中编造这个故事,其实既抹黑了刘禅,也贬低了诸葛亮。 <小贴士>

刘禅和诸葛亮的君臣关系还挺不错,但蜀汉的局势很糟糕,简直是惨不忍睹。

咱们先说蜀汉的地盘大小。东汉时期全国一共分为十三个州。刘备刚在汉中称王时,拥有整个益州和小半个荆州。后来东吴吕蒙、陆逊偷袭荆州,关羽败亡,上庸、房陵等郡叛变投魏,最后蜀汉只剩下一个益州。而且益州北部的汉中郡,原先的老百姓还被曹操迁走了。今天咱们从地图上看，蜀汉面积还不小，但很多是崇山峻岭，以及少数民族的散居区，在一千多年前人口稀少，经济也不发达。而另外两个国家，东吴占据了大半个荆州、大半个扬州再加上整个交州，大约是占据了两个半州。魏国更是占据北方的九个州，再加上荆州、扬州各一部分，也就是九个半州。蜀汉地盘还不到东吴的一半，只有曹魏的十分之一。

当然，由于北方长期战乱，人口损失比南方更为严重。所以曹魏占据的州的个数虽然有东吴的三倍多和蜀汉的近十倍，但就人口来说，没有那么大的优势。按照三国后期的统计，由各国官府直接控制的户籍人口，蜀汉大约是一百万，东吴是两百多万，曹魏是四百万左右，也就是说，东吴和蜀汉的户籍人口加起来大约有曹魏的百分之七十。但即便如此，蜀汉人口依然只有东吴的一半不到、魏国的四分之一。

本来蜀汉还有一支重要力量，就是刘备带领入川的军队。这是刘备多年转战全国，大浪淘沙一样搜罗聚集的精锐。但这些精锐在夷陵之战中又损失了不少。

从外部来说，虽然在刘备去世前，孙权已经和曹丕打起来了，并与刘备讲和。但孙权之前刚刚背刺关羽，他的信誉根本就靠不住。刘备死后，孙权没准会把蜀汉看作一块肥肉，等待时机再咬上一大口。这样的事情孙权是做得出来的。蜀汉内部也是人心惶惶，不少官员各怀鬼胎。

诸葛亮当年制定的"隆中对"，理想状态是同时占据荆州和益州,联合江东孙权,等待天下有变,就从两路出兵,派一员上将从荆州北伐中原,刘备亲自带兵从益州攻击关中。现在呢?荆州丢了,只剩下益州一块地盘。两路出兵的一条路被堵死了,孙权从盟友成为敌我难分的第三方。用于北伐的兵马损失得差不多了,刘备也死了,蜀汉能打仗的"上将"关羽、黄忠、张飞、马超都已先后去世。

接下来怎么办?诸葛亮有两条路可选。

第一条路,就是坚守益州。这条路比较容易。益州的地势非常险峻,大大小小的山脉、山头,横七竖八的河流,重重包裹着成都平原。"蜀道之难,难于上青天。"如果蜀汉派兵守住要道,那就同时具有了地利和防守的优势,魏军从外面很难打过来。守个十几年、几十年,是完全不成问题的。

但是这条路从长远来看,是没有希望的。蜀汉只有一个州,就算把东吴算成盟友,也不过三个半州,魏国则有九个半州。如果三国各自关起门来抚平战争疮痍,发展人口和生产,那么魏国恢复的速度也将远远快于吴蜀。几十年后,双方的差距将进一步拉大。等有朝一日魏国的国力恢复得差不多了,新的军队训练出来了,蜀汉在绝对优势的敌人面前只能坐以待毙。

甚至,可能都等不到这么久。魏国实力远远强于蜀汉,曹丕又拥有"汉献帝禅让"的名分。这样一个庞然大物,有很强的压迫感。刘备数十年来能够与强大的曹操对抗,靠的是兴复汉室的旗号来凝聚人心。现在刘备死了,如果蜀汉的统治者们放弃当年的这个理想,关起门来在四川称王称霸,那本地的文武官员和军民,又凭什么拥戴他们,去和强大的魏国抗衡呢?还不如早些投降!

因此,诸葛亮选择了第二条路。那就是主动出击,北伐曹魏。

这条路比第一条路艰难十倍。以弱小的蜀汉,翻越秦岭,进攻强大的魏国,不但从军事角度讲很危险,而且打仗就要花钱,这会给国家民众带来很沉重的负担。

诸葛亮是一个谨慎的人,而主动出击的战争则需要冒险。这是非常矛盾的。他手里面的兵马、钱粮都非常有限,他必须小心翼翼地使用这一点牌,去跟强敌搏一搏。稍有不慎,再来一次夷陵之战或者大意失荆州这样的败局,没准整个国家就提前崩溃了。

这条道路唯一的好处是,至少还有希望。如果诸葛亮在战场上能够抓住敌军的失误,打几个胜仗,消灭曹魏的有生力量,占领一些地盘,可能双方的力量对比就没那么悬殊了,后面的局面也可以一步步改善。

诸葛亮放弃了坐以待毙、苟延残喘的坚守,而选择主动出击,冒着更大的风险,去争取微小的希望。他当然知道,这会让他的余生异常辛苦,甚至身败名裂。然而他无怨无悔。

第四章

诸葛亮重整基业

第一节 依法治国和以德治国

蜀汉章武三年（223年）刘备去世，他儿子刘禅继位，改元建兴。诸葛亮作为丞相，护送刘备的灵柩返回四川安葬。刘备临终前安排诸葛亮为托孤大臣，留给诸葛亮的助手是尚书令李严。李严同时担任中都护，统管内外军事。他眼下的任务是镇守白帝城，防范可能来自东吴的威胁。

刘禅继位后，封诸葛亮为武乡侯，并且开府，也就是让诸葛丞相建立专属的工作部门，选用自己的幕僚。这样一来，蜀汉的权力中枢就移到了丞相府。不久，刘禅又任命诸葛亮为益州牧。当时蜀汉的领土其实只有益州，诸葛亮兼任益州行政长官，军政大权尽揽在手。

地位这么高，权力这么大，换成一般人早乐开花了。可是对诸葛亮来说，权力越大，责任越大。他原本做事就很谨慎，工作非常细致。刘备在世时，大局有刘备统管，诸葛亮帮刘备出谋划策、完善细节，另外有法正、关羽、张飞等良臣猛将配合，这样合作非常完美。但现在刘备已死，新皇帝刘禅还是个大孩子，诸葛亮不再是皇帝的助手，而是皇帝的全权代理人。过去刘备负责的战略决断和宏观统筹，现在落到诸葛亮的肩膀上了。可他以前养成的习惯是对每件小事情都亲自过问，生怕弄错，这一点还没有改变。这么搞，就把自己弄得筋疲力尽了。

诸葛亮身边的人早就注意到这个问题了。有一次，诸葛亮在亲自校对文书，他的秘书杨颙再也忍不住了，冲进办公室劝谏说："做管理，上下得有分工。比如说在一个大家庭里，长工种地，女仆做饭，鸡打鸣报晓，狗守门防盗，牛运重物，马走远路，大家各司其职，那么主人就可以优哉游哉。如果某一天，这位主人非要把这些任务全部自己揽下来，必然会把事情搞砸，把自己的身体也搞垮。所以古人说，君主和高官应该坐而论道制定国家管理方针，士大夫负责这些方针的落实，大家各司其职，事情就好办了。今天您作为国家的执政者，居然自己来校对文书，也太辛苦了吧！"

诸葛亮微微一笑，暂时减少了这些鸡毛蒜皮的工作。然而过了没多久，他又犯了老毛病。他的责任心太强，担心别人不能像他一样把事情干好。然而这严重牵扯了他的精力，损害了他的健康，最终给国家造成了无法挽回的损失。

刘备在世的时候，管理部下靠的是自己的魄力和魅力。现在刘备去世，诸葛亮要想维护刘备留下的基业，就不能学习刘备的样子。毕竟他的名望和魅力都不能和刘备相比。因此，诸葛亮走的是两条路。从公的一方面，他制定严格的法律，要求每个人遵规守矩，也就是"依法治国"；从私的一方面，他自己坚持高的道德标准，以身作则，也就是"以德治国"。这两条，说起来都简单，做起来都没那么容易。

制定法律比较容易，但遵守法律就难，要对所有人一视同仁、严格执法更难。因为有的人能力强，有的人地位高、权力大，还有的人和高级领导有关系。要处理这些人，执法者的压力是很大的。刘备在世时，诸葛亮只是"大管家"，所以蜀郡太守法正随意杀人，诸葛亮也只能劝劝，没法把他绳之以法。现在情况不同了，诸葛亮本人成为实权掌握者，可以真正贯彻依法治国的方针。这样虽然会触犯一部分人的利益，会招来不满，但能保护国家和民众的长期利益。

诸葛亮在蜀汉当了十二年一把手，在这十二年中，很多高级官员都曾受到惩处。其中有的是和诸葛亮很亲密的人，比如马谡；有的是地位很高的人，比如李严。面对他们，诸葛亮都是毫不手软，依法惩治。

古代还有一种制度叫"赦罪"，就是说，如果遇上什么喜事需要庆祝，或者遇上什么灾难需要祈祷上天保佑，朝廷就会免除一部分罪犯的刑罚。而在诸葛亮执政的十余年里，很少赦罪。有人给诸葛亮提意见说："您这样是不是太冷酷了？那些犯人也挺可怜的。"诸葛亮回答："天下要太平，靠的是大仁大德，而不是小恩小惠。法制公正，民众犯罪少，社会自然安定。要是动不动赦免罪犯，罪犯们倒是逃脱了惩罚，对国家、对大部分遵纪守法的民众有什么好处？"

《三国志》作者陈寿这样评价诸葛亮对蜀汉的治理："制定严明的法律，奖赏和处罚都严格遵照法律，做了坏事必然受到惩治，做了好事必然得到表彰。官吏不再奸猾，所有人都能自律。在路上遗失的东西，旁人都不会去捡拾，强的也不会欺负弱的，整个国家的文化风气为之肃然。"

法律主要通过惩罚的手段，使人们不敢干坏事。要让人们真正信服，还需要结合道德的力量。诸葛亮加入刘备集团比较晚，一大批人都比他资历深。要赢得大家的信任，除了靠刘备的支持，还得靠自己展现的才能和品德。诸葛亮的才能，随着他立下功绩，渐渐被大家认可。而诸葛亮的品德，则通过工作上的勤勤恳恳，待人有礼有节，再加上一如既往的谦虚和谨慎来展现。

前面咱们提到过，关羽、张飞最初是不服诸葛亮的，但后来这两人都把诸葛亮当成了自己人。张飞在荆州时曾经去拜访刘巴，受到冷遇，他不是找刘备，而是找诸葛亮诉苦，后来诸葛亮写了封信给刘巴，劝他不要对张飞这么冷淡。关羽也曾写信给诸葛亮，询问他马超能力如何。得到诸葛亮的答复后，他还喜滋滋地把诸葛亮的回信到处展示给人看。

甚至脱离蜀汉的叛将也不忘说诸葛亮的好话。比如孟达投降魏国后，妻儿都留在成都。后来又有个蜀汉官员王冲也逃去魏国。王冲对孟达说："当时您走的时候，诸葛亮恨得咬牙切齿，要把您的妻儿都杀了，幸亏刘备没有同意。"孟达摇摇头："你在骗我。诸葛亮行事有原则，能分清大小轻重。他绝对不会做这种事情。"要知道孟达本身心眼是很多的，他也不是诸葛亮的好朋友，但他相信诸葛亮的人品。

第四章 诸葛亮重整基业

再如夷陵之战中,蜀汉军队大败,北路指挥官黄权的退路被吴军截断,被迫投降魏国。不久传来消息,说蜀汉那边已经把黄权的妻儿都杀了。曹丕听说这事儿,还"好心"地要给黄权的妻儿发丧。黄权说:"我和刘备、诸葛亮都是坦诚相待,他们也明白我的苦心,绝不会害我的家人。这恐怕是谣传吧。"后来果然证实,刘备、诸葛亮不但没有杀害黄权的家人,反而好好地供养着他们。此后黄权在魏国,经常对魏国文武官员称赞诸葛亮如何道德贤能、才华出众。当时诸葛亮是魏国的头号敌人,而黄权赞美他一点都不怕落人话柄。司马懿还专门写信给诸葛亮说:"黄权实在是个性情中人啊,当众说你的好话完全无所顾忌。"

除了处事公允、待人以诚,诸葛亮还强调廉洁。他曾说"静以修身,俭以养德"。自从加入刘备集团,他公务繁忙,想"静"是不可能了,"俭"却一直恪守。

诸葛亮曾经给刘禅上表公示自己的个人财产情况,说他在成都有八百棵桑树、十五顷土地,靠这些产业,家里人穿衣吃饭绰绰有余。诸葛亮自己的日用依靠公家供应,所以不需要再置办其他产业。到死的时候,不会让家里家外有什么剩余的财产,免得对不起刘禅。

他果然兑现了自己的承诺。

有专家估算过,诸葛亮在蜀汉为官多年,单是他的俸禄、封地收入、君主赏赐,加起来就至少折合六千多万钱。更别说诸葛亮还有十多年完全掌握蜀汉大权。然而,最终他的家产——八百棵桑树和十五顷田地，折合不过二百多万钱。

诸葛亮身居高位而家财无余，一方面是以身作则，带动蜀汉的官吏们尽可能清廉；另一方面，也是向所有人传递信号：他舍弃了追求个人的荣华富贵，致力于心中的理想。

有理想的人是伟大的，也会焕发出人格魅力。从刘备到诸葛亮，蜀汉聚集了一群理想主义者。诸葛亮的高尚品德，成为蜀汉中期凝聚人心的重要因素。而他本人也借此在后世得到士大夫和普通民众的真切缅怀。

这里再举一个例子。

当时蜀汉有个大臣叫廖立，是荆州地区的一位俊杰，曾在刘备麾下担任长沙太守。建安二十年（215年）孙刘两家爆发第一次荆州争夺战，长沙沦陷，廖立逃回益州，刘备又改派他当巴郡太守。后来刘备称汉中王，廖立转为侍中，刘禅继位后，又担任长水校尉。廖立很骄傲，自以为诸葛亮第一，他第二。他嫌弃自己的官小，看朝廷上的文武官员，这个不行，那个没用。到诸葛亮第一次北伐前夕，廖立口出狂言，居然从刘备开始，挨个点名痛骂蜀汉君臣：

"先帝刘备是个笨蛋，当年打下益州以后不抢汉中，反而去和东吴孙权争夺南三郡，结果最后三郡还是给了东吴，还让曹操趁机夺了汉中，差点把整个益州都葬送了。后来他才想起带主力去和曹操争汉中，结果顾头不顾腚，又丢了荆州，关羽送命，上庸、房陵也投降魏国。关羽就是个有勇无谋的匹夫，所以才几次战败，损失了大量部队。现在朝中的向朗、文恭、都是凡夫俗子。文恭做事毫无原则，向朗只知道溜须拍马。郭攸之不过是个小跟班，不足以商讨大事，却当上了侍中。蜀郡太守王连也是个平庸低俗贪财的家伙，害得百姓苦不堪言。"

廖立骂了先帝刘备和蜀汉群臣，对诸葛亮却很尊敬。然而诸葛亮决不能放任他这样贬低朝廷和同僚，就罢免了廖立的官职，将他废为平民，发配到了西边偏僻的汶山郡。廖立心高志大，却在正当壮年的时候被免职流放，换成别人早崩溃了。但廖立默默接受了命运，带着妻儿去了汶山，埋头耕地养牲口。诸葛亮流放了他，他却毫无怨恨，老老实实耕作，等待着有一天诸葛亮重新起用自己。直到建兴十二年（234年）诸葛亮去世，廖立禁不住流下了热泪。他叹息道："诸葛丞相死了，我只能一辈子待在这种边远地区了。"

正因为诸葛亮严格执行法律，同时自身又能恪守道德准则，所以廖立即使被他流放，依然对他如此尊敬。蜀汉其他人对他的爱戴也是一样的。

第二节　选拔人才与管理刺头

无论是打天下还是守江山，人才都是非常重要的。小小蜀汉要与占据大半个天下的魏国抗衡，更是离不开人才。过去刘备手下有转战全国搜罗来的各地人才，也有诸葛亮等大批荆州人才。等到诸葛亮独掌蜀汉大权时，管辖的只有益州一地，选拔人才的空间更小。在这种情况下，诸葛亮想方设法选拔人才。他曾对自己的属下说，在各项工作中，最重要的就是选拔人才，所以要他们多多推荐各方面人才。

诸葛亮当初是被刘备三顾茅庐，恳切请出山来的。他做了当家人，也把刘备当年邀请他的诚意拿出来了，同样恳切地去邀请他看中的人。每个人的才能不一样，个性也不同。诸葛亮有针对性地和他们打交道，安排他们的工作，尽可能人尽其用，为蜀汉政权添砖加瓦。

益州本地有些学者，学问很好，但实际处理政务的能力不强。诸葛亮诚意聘请他们，让他们当官，不是指望他们真的干活，而是表现出对贤德人才的尊重。

比如有一位梓潼的大学问家杜微，一直不肯当官，刘备邀请他也不理睬。诸葛亮担任益州牧后，再请年迈的杜微做官。杜微再三推辞，诸葛亮就三番五次邀请，最后用车子把杜微载到丞相府中。杜微装耳朵聋，诸葛亮说什么他都没反应。诸葛亮就拿出笔墨纸砚，很有耐心地写字给杜微看，诚恳地邀请他当官。最终，杜微拗不过诸葛亮的热忱，担任了谏议大夫。

再比如广汉人秦宓，从小博览群书，口齿伶俐，不喜欢当官。刘备占领益州后，再三邀请，让秦宓当了祭酒。结果因为反对刘备进攻东吴，秦宓被免官下了监狱。诸葛亮自任益州牧后，就把秦宓提拔为别驾，又晋升其为左中郎将、长水校尉。后来东吴使者张温来访时，秦宓用学问征服了张温，立下了一个大功劳。

第四章 诸葛亮重整基业

除了这些学问家,诸葛亮更需要那些能带兵打仗、能治理地方的人才。他提拔了一批表现突出的本地官员。比如云南人吕凯,让他担任永昌郡的地方官,得到军民拥戴。南方叛乱时,吕凯和王伉等坚守城池,挡住了叛军。叛乱平息后,诸葛亮便提拔吕凯为云南太守,王伉为永昌太守。

再如巴西人马忠(又名狐笃),他在刘备入川时担任县令。诸葛亮提拔马忠为自己的直属将领。后来马忠曾镇守南方,又曾担任诸葛亮的参军,讨平西部、南部边境地区羌族和南蛮部落的叛乱。诸葛亮死后,马忠一度担任平尚书事,成为中央大员。

还有马忠的老乡巴西人王平(又名何平),过去担任副将。建兴六年(228年)的街亭之战中,马谡不听诸葛亮的安排吃了败仗,王平却临危不乱,整顿军队安然撤退。诸葛亮严惩了马谡,提拔王平接替马谡为参军。此后,王平逐渐成为第一等大将,屡立战功。

诸葛亮还从老一辈官员的子弟中拣选了一批人才。比如董和的儿子董允,霍峻的儿子霍弋,马良的弟弟马谡等。

江陵人董和曾经和诸葛亮一起署刘备的左将军府事、大司马府事,一直当诸葛亮的助手,董和的儿子董允为人正直,处事公允,诸葛亮就提拔他为黄门侍郎,后来诸葛亮要北伐时,又升董允为侍中,领虎贲中郎将,统率皇宫的亲兵。董允也对得起诸葛亮的期望。皇帝刘禅趁着诸葛丞相不在,想多选几个美女进宫,每次都被董允驳回,说按照自古以来的规矩,皇帝妃嫔不能超过十二个,现在编制已经满了。这样,诸葛亮外出时，董允就帮他很好地看住了皇宫。诸葛亮死后，刘禅宠幸宦官黄皓，但还是能听取董允的规劝，黄皓更是畏惧董允，不敢为非作歹。直到董允死后，黄皓才逐渐手握大权，干涉国政。

董和的江陵老乡霍峻，跟着刘备入川。刘备和刘璋开战期间，他带着几百兵马守葭萌关，先后击退张鲁和刘璋大军，保证刘备的军队始终有一个根据地。霍峻的儿子霍弋，被诸葛亮带在身边当记室，像自己的子弟一样培养锻炼。诸葛亮死后，霍弋立下很多功劳，最后成为镇守南方的一把手。

更著名的就是"失街亭"的主角马谡了。襄阳马家兄弟五人都是大才子，名气最大的是老四马良，在夷陵之战中遇害。老五马谡在军事方面看起来很厉害，能说会道，诸葛亮很是欣赏，但先帝刘备觉得他不行。刘备临终前专门嘱托诸葛亮说："马谡这人言过其实，不可大用，你一定要当心！"诸葛亮却不以为然。他觉得刘备年事已高，看人未必准。诸葛亮先让马谡担任自己的参军，马谡干得还真不错。于是诸葛亮逐步提拔马谡，最后却酿成了让他追悔莫及的大错。

此外，襄阳名士向朗，资历老、学问大，被诸葛亮任命为步兵校尉、丞相府长史。向朗的侄儿向宠善于带兵打仗，在夷陵之战中跟随刘备，各路军队都溃散了，只有向宠带的兵保持严整的营盘。诸葛亮任命他为卫戍部队指挥官。

还有关羽的二儿子关兴，才华出众，诸葛亮对他非常赏识，让他当了侍中、中监军，可惜没几年就病死了。张飞的长子张苞早死，次子张绍被诸葛亮任命为侍中。诸葛亮的弟弟诸葛均

第四章 诸葛亮重整基业

在蜀汉官至长水校尉。诸葛亮和夫人黄氏婚后多年没有孩子,为了继承香火,就把哥哥诸葛瑾的次子诸葛乔过继当儿子,并让他在蜀汉担任驸马都尉,安排他从事运输军粮之类的基础工作。

诸葛亮办事谨慎,但他用人也能不拘一格。比如之前刘备和曹操争夺汉中时,犍为太守李严部下的功曹杨洪和上司李严闹矛盾,辞职了。诸葛亮和杨洪一聊,觉得这人挺有见识,就把杨洪火速提拔为蜀郡太守。杨洪也确实对得起诸葛亮的重用。几年后,刘备在白帝城病重,把诸葛亮召过去听遗命,汉嘉太守黄元趁机造反。这时候成都空虚,朝野惊慌,杨洪却镇定自若,迅速把太子刘禅的亲兵调出来镇压叛军,很快将黄元擒获斩首。在其他公事上,杨洪也能秉公无私,为人称道。

杨洪当蜀郡太守时,手下的郡吏何祗,也是一个有个性的人。他家庭贫寒,又贪图享受,一般人都看不起他。诸葛亮听说何祗不好好干活,亲自来调查。何祗得知后,就连夜处理公务。等诸葛亮到衙门时,看各项工作井井有条,何祗对答如流。诸葛亮大为惊异,这小子也是个人才啊!就提拔他当了成都县令,又兼了郫县令。何祗干得相当出色,诸葛亮又给他升官,没几年他就当上汶山太守了,和老上司杨洪平级。汶山的少数民族原先动不动就叛乱,何祗过去之后,安抚听话的,惩罚不听话的,少数民族都很信服他,汶山安定下来了。后来何祗调走,他们还要求把何祗调回来,不然就要造反。朝廷只得另外选了何祗同族的一个人去当汶山太守。

再如前面说到的蒋琬，原本只是个小官，还差点被刘备杀掉。是诸葛亮保下他来，也是诸葛亮一再提拔他。后来诸葛亮连年北伐，蒋琬留镇丞相府，负责提供后勤支持。等到诸葛亮去世后，蒋琬就成了诸葛亮的继承人，蜀汉新的执政者。蒋琬此后表现确实不错。他身居高位，既不得意忘形，又不惊慌失措，平淡地处理国家大事，而且心胸开阔。有时候遭到其他大臣的攻击，他也毫不生气，甚至为对方开脱。皇帝刘禅也放心大胆地把国政继续交给蒋琬。

还有江夏人费祎，原先身份和地位都不算高。有一次老臣许靖的儿子不幸去世，官员士人都去吊丧。费祎和董允一起坐车去参加。董允的父亲董和故意只给了他们一辆很小的破车子，董允的脸顿时拉下来了，费祎则不慌不忙地先上车。到了会场上，看见众多官员们华丽的车子，董允低着头，好像羞于见人一样，费祎却神情自若。董和得知现场的情况，就对董允说："儿子啊，我以前一直不知道你和费祎到底谁比较优秀，从今天开始，我算是知道了。"而当天注意到这两小伙子的，还有慧眼如炬的诸葛亮。他由此对费祎另眼相看。建兴三年（225年）诸葛亮南征胜利回成都时，文武百官出城几十里迎接。里面有很多资历老、官阶高的官员，诸葛亮偏偏把费祎拉上自己的车，和自己一同入城。后来费祎出使东吴，孙权喜欢搞怪，安排人唇枪舌剑地围攻费祎，或者想在宴会上把他灌醉，然后问他国家大事，想看他胡说八道出洋相。然而费祎哪怕喝醉了，也知道什么该说什么不该说。他推辞自己喝醉了，缄口不语，等宴

第四章 诸葛亮重整基业

会散了之后,再回招待所把孙权问的问题整理出来,井井有条地回答。这让孙权非常佩服。后来,费祎成为诸葛亮、蒋琬之后的蜀汉第三任执政大臣。

除了前面这些人才,诸葛亮手下还有两个人,一个是骁勇善战的猛将魏延,一个是善于政务的谋臣杨仪。但这两位偏偏又是死对头,让诸葛亮伤透了脑筋。

历史上的魏延并非《三国演义》中写的是降将。他是义阳人,义阳距离新野很近,魏延投奔刘备的时间很可能比诸葛亮早。魏延跟随刘备取益州、打汉中,立下不少功劳。刘备打下汉中之后,要安排一员大将镇守,文武官员都认为张飞最合适。谁知刘备却提拔魏延为镇远将军,领汉中太守。全军都大惊失色。刘备当众问魏延:"你担任这么重要的职务,准备怎么干呢?"魏延回答:"若是曹操带着天下大军来,我为您挡住他;要是曹操的部下带着十万人马来,我为您消灭他!"刘备乐得合不拢嘴,百官也纷纷夸奖。

魏延可不光是吹牛。他善于统率士卒,又作战勇猛,同时还好动脑筋,对战略战术有自己独到的见解。他在汉中布置了一套防御战术。魏延生前,因为魏军没有打过来,这套战术没能发挥作用。但后来蒋琬执政时期,大将王平就是用这套战术打败了魏军的入侵,歼灭数万敌人。

诸葛亮掌大权时,老一辈名将大部分都去世了,他当然要重用魏延。刘禅刚继位,就加封魏延为都亭侯。等诸葛亮准备北伐时,又任命魏延为前军都督、丞相司马、凉州刺史。在蜀汉的北伐军团中,魏延是仅次于诸葛亮的二号人物。

但魏延也有他的缺点。他脾气很大,刚愎自用,不善于和人打交道,待人接物很不客气。诸葛亮尽可能地包容魏延。有位刘备的老部下刘琰,官拜车骑将军。某一次刘琰和魏延发生争执,互不相让,诸葛亮严肃地责备了刘琰一顿,把他赶回成都去了。

刘琰虽然资历比诸葛亮还老,但没什么本事和权力,所以他和魏延吵起来,诸葛亮可以迁就魏延。但另一个跟魏延不对付的杨仪,诸葛亮就没法这么办了。

杨仪是襄阳人,一度在曹操手下当官,后来主动弃暗投明,跑到刘备这边。刘备和他聊了聊军事政治,拍案叫绝,立刻用作参谋。刘备称汉中王的时候,杨仪当上尚书。诸葛亮任丞相时,杨仪担任参军、长史等官职,官衔不太高,做的是编制部队、调动粮草兵器这些看似细碎,实际极为重要的工作。这些活儿耗费心力,而杨仪干得得心应手。诸葛亮对他深为倚重。

魏延和杨仪这一武一文,可以说是诸葛亮的左右手,但是这左右手却都恨不得掐掉对方。他们两个都有本事,也有脾气,心胸又不宽阔。两个针尖对麦芒,很快结下了仇怨。魏延觉得杨仪是个只知道搬唇弄舌的酸儒,杨仪觉得魏延只是仗势欺人的匹夫。两人的矛盾逐渐发展到不共戴天。有时候魏延竟然拔出刀来比画,威胁要杀杨仪,杨仪则是吓得哭了出来。

魏延和杨仪之间的冲突,让诸葛亮头痛不已。他俩都是北伐的重要干将,可他们就是不能团结合作。诸葛亮太忙,要处理的事情太多,没时间调解他们之间这种莫名其妙的矛盾。幸亏诸葛亮的另一位助手费祎比较能干。每次两人闹得激烈时，费祎就站出来好言相劝，安抚魏延，宽慰杨仪，鼓励他们为国家出力，不要因为私人恩怨耽误公事。这样才勉强维系着魏延杨仪的"和平共处"。

魏延和杨仪不和闹得最后连孙权都知道了。有次费祎出使东吴，孙权在宴会上当众说："魏延、杨仪二人，虽然也有些本事，但都是没什么德行的小人。一旦诸葛亮死了，他们没人制约，必然酿成祸乱。你们怎么还不提前把他们收拾了？"费祎听得一愣。幸亏边上的人提醒，费祎整理了一下思路，回答说："魏延和杨仪只是有私人矛盾，并没有造反的野心。他们的才能确实出色。我们为了消灭曹魏，充分发挥他们的才能。"费祎这番应对很巧妙，但同时也反映出诸葛亮面临的困境。为了北伐，诸葛亮确实不可能舍弃魏延和杨仪的才能。在他的有生之年，能够尽量发挥两人的特长，使之为蜀汉出力，又不闹出大乱子，这也是挺不容易了。

第三节　恢复吴蜀同盟

建兴元年（223年）执掌大权的诸葛亮，想尽办法组建了新的团队，但蜀汉面临的内外局势是相当糟糕。北面是死对头曹魏，东边是刚打过仗的孙权，西边和南边又有叛乱。用诸葛亮的话说，"此诚危急存亡之秋也"。

就在这一年，魏国的大官们，司徒华歆、司空王朗、尚书令陈群、太史令许芝、谒者仆射诸葛璋等人，他们纷纷写信给诸葛亮，劝他看清形势，顺应天意，乖乖投降魏国，不失荣华富贵，岂不美哉？

面对劝降，诸葛亮绝不屈服。他也不一个个回信，直接来了封公开信回答。

在信中，诸葛亮先拿当年的楚霸王项羽作例子，说项羽只凭武力，不讲道义，虽然一度称霸天下，最后还是身死国灭。近来曹操又在重蹈项羽的覆辙。虽然他自己等不到报应就先死了，但他的子孙一定会遭祸害。

接下来，诸葛亮指责华歆、王朗等为曹魏篡东汉当走狗，就和当初王莽篡西汉时那帮无耻文人一样，也要受惩罚。

针对"魏强蜀弱"的说辞，诸葛亮又举出光武帝刘秀在昆阳之战中以少胜多大败新莽军的战例，说明战争的胜败在于正义与邪恶，而不在于兵力多寡。曹操当初带着大军照样在汉中吃败仗。曹丕篡位罪大恶极，你们这些人就算口若悬河也不能洗脱他的污秽。

最后，诸葛亮严词宣告：天理昭然，我们是一定要北伐的。当初轩辕黄帝带着几万兵卒，就能击败蚩尤，平定天下。何况我们有几十万正义之师，讨伐你们这些乱臣贼子，自当势如破竹，除残去秽，以张天下大义！

诸葛亮这番话气势如虹，言辞犀利。罗贯中在《三国演义》中编出"诸葛亮骂死王朗"的故事，就是从这里来的。不过，

第四章　诸葛亮重整基业

骂一顿虽然痛快，国家之间的胜败归根结底还是看实力。眼下最紧要的还是改善蜀汉当前四面受敌的恶劣环境。

这其中，北面的曹魏虽然是死敌，但两国隔着秦岭，魏军一时打不过来，何况还有魏延镇守汉中。西边的汶山等郡，距离成都不太远，虽然不时叛乱，但掀不起大浪。诸葛亮任命何祗这样的能臣担任地方官，逐渐也摆平了叛乱。

剩下两个方向的情况却要复杂得多。东边的孙权和蜀汉集团恩怨交织多年，既曾经联盟，也曾经背叛，而且现在东吴名义上还是曹魏的附庸国。现在刘备去世，刘禅继位，没准孙权会把风雨飘摇的蜀汉当作肥肉咬上一口。蜀汉对此绝不敢放松警惕，专门派军政二把手李严镇守白帝城。

南边就更乱了。所谓"南中地区"，就是指益州南部的几个郡，包括牂柯郡、越巂郡、永昌郡、建宁郡（益州郡），大致在现在的云南、贵州、四川西南一带。那里地势复杂，是少数民族与汉族杂居的地区。成都对这边的控制力一向比较弱。刘备和曹操争夺汉中期间，越巂的夷王（少数民族首领）高定就曾起兵造反，被李严所杀。

益州郡和益州

南中四郡中的"益州郡"是一个郡，相当于地级行政单位，后来又改名建宁郡。而"益州"则是一个州，相当于省级行政单位。本书为了避免混淆，把益州郡统一称为"建宁郡"。

刘备在世时,与东吴开仗,孙权就在南中各郡煽风点火。南中一带更加波澜迭起。建宁郡的豪强大户雍闿杀死太守,派人联络孙权,又把刘备派去的新太守张裔抓住送到东吴去了。等刘备去世后,雍闿更加猖狂,公然接受了孙权的任命,自称永昌太守。李严写信劝他别造反,雍闿很傲慢地回信说:"现在天下有三个帝王,我也不知道该服从哪一个啊!"他又拉拢了在南方很有威望的孟获,联合各部族,共同反抗蜀汉。孟获振臂一呼,各处纷纷响应。越巂郡的夷王高定加入了同盟,牂柯郡的地方官朱褒也起兵造反,整个南中完全失控。只有永昌郡的功曹吕凯、府丞王伉带着军民坚守城池,为蜀汉在南中保留了一块根据地。

面对这种局面,蜀汉朝廷百官都惶惶不安。有人建议诸葛亮赶紧出兵去平定叛乱!然而诸葛亮没有同意。他对这件事看得更透彻:南中叛乱,根子不光在南中。从内部来说,刘备刚死,新上任的刘禅威望不够,造成南中的人心不稳。从外部来说,东吴孙权对南中豪强诱降,南中本地野心家趁机借东吴为外援叛乱。不把这内外两方面的根子拔除,光是派兵镇压,就算能暂时镇压下来,还是后患无穷。更何况,现在蜀汉刚打了两次大败仗,士气低落,国力损耗巨大,去镇压也没有必胜的把握。

因此,诸葛亮用温和的手段,不断派遣使者去安抚叛乱的郡县,尽可能让它们别闹得太嚣张。他在叛乱地区和未叛乱地区的边界加强防备,不让叛乱蔓延到北部领土。同时,诸葛亮在内部发展生产,开垦土地,囤积粮食,训练军队,慢慢恢复实力。

更关键的还在东吴。

这时候东吴孙权也处在尴尬的境地。他偷袭荆州之后，向曹魏投降，接受了"吴王"的封号。但夷陵之战刚打完，曹丕就派大军南下攻吴，被孙权击退，两家从此决裂。后来孙权还派兵主动进攻魏国蕲春，俘虏了太守晋宗。

敌人的敌人就是朋友。从战略来说，蜀汉和东吴两个弱国，确实需要联合起来抗击强大的曹魏。只是两国之前曾发生过大战，必须消除隔阂。于是诸葛亮在建兴元年（223年）冬天，派遣邓芝出使东吴。

邓芝到东吴后，孙权开始还在犹豫，担心蜀汉实力太弱，跟他们结盟会吃亏。他甚至一度不肯接见邓芝。等到两人终于见了面，孙权开门见山："我愿意和你们联合对抗魏国，就怕你们君主年幼，国家弱小，自身难保。这样我和你们联盟，不是反而被拖累了吗？"

邓芝说："咱们两国加起来有四个州的地盘。大王您是当世英雄，我们诸葛亮丞相也是一时的豪杰。我们有蜀道险阻，你们有长江天险，把两家的地利人和联合起来，进可以并吞天下，退也可以鼎足而立。大王您要是继续给魏国当藩属，曹丕一会儿要您入朝，一会儿要您派太子去当人质，您不听命就说您藩属造反，起兵来讨伐，那您就完了。"

孙权琢磨了很久，终于下定决心，断绝和魏国的外交关系，转而与蜀汉联合。

第二年(建兴二年,224年),孙权派张温出使蜀汉,达成互访。

在宴会上,蜀汉官员都到了,就差学者秦宓没到。诸葛亮屡次让人去催请。张温很奇怪,问:"这人是谁啊?"诸葛亮回答:"是我们益州的学士。"张温冷笑一声。等秦宓终于到来时,张温问他:"你真的有学问吗?"秦宓道:"我们益州,三尺小童都有学问,何况我呢?"

张温还不服气。他自以为读书多、学问大,就和秦宓展开了一场辩论。

张温先问:"天有头吗?"

秦宓回答:"有。"

张温问:"天的头在什么方向?"

秦宓说:"在西方。《诗经》说'乃眷西顾',以此推之,天的头在西方。"

张温又问:"天有耳朵吗?"

秦宓说:"有耳朵。俗话说,天处高而听卑(上天虽然位置高远,却能洞悉最低微的事情),《诗经》又说'鹤鸣九皋,声闻于天',没有耳朵怎么听啊?"

张温又问:"天有脚吗?"

秦宓说:"有啊。《诗经》说'天步艰难',没有脚怎么迈步?"

张温又问:"天有姓吗?"

秦宓说:"有啊,天姓刘。"

张温问:"你怎么知道姓刘呢?"

秦宓说:"天子姓刘,所以天也姓刘!"

张温又问:"太阳是从我们东边出来的对吧?"

秦宓回答:"对呀,太阳从你们东边出来,到了我们西边就落下来了。"

秦宓引经据典,对答如流,张温佩服得五体投地。从此不敢小看蜀中人物。他回到东吴后,满口称赞诸葛亮治理下的蜀汉政治清明,人才辈出。秦宓也算是为国家争光,不负诸葛亮的器重。

之后邓芝再次出使东吴,两国确立盟约,重新联合对抗强大曹魏。孙权专门写信给诸葛亮,称赞邓芝立下的大功。对诸葛亮来说,这也是他执政后的第一个战略胜利。虽然隆中对"跨有荆益"的计划已经无法实现,但至少荆州是在盟友而非敌人的掌握中。诸葛亮的注意力现在可以从东边转移到南边来了。

第四节 诸葛亮七擒孟获

蜀汉与孙权结盟之后,魏国皇帝曹丕大怒,两次南征东吴,都被孙权击退。魏吴两国交战,蜀汉获得了相对安宁的环境。诸葛亮让魏延守住北边汉中,李严守住东边永安,他自己在国内大力发展生产,积蓄粮食,一边生产蜀锦卖钱,一边训练军队,同时派人侦察收集南中地区的情报。

转眼到了建兴三年（225年），诸葛亮认为军力和财力、物力已经到位。同时随着吴蜀结盟，孙权停止支持南中地区的叛军。现在可以放手平定叛乱了。

长史王连反对诸葛亮亲自带兵，认为派一员大将去就可以了。他说，南中地区疫病流行，诸葛亮身为丞相，万一有个闪失，对国家损失太大。诸葛亮也知道王连的好心，但他认为南中关系重大，这一趟过去不但要打仗，还要用政治手段加强地方管理，其他人很难像他这样考虑周全，也不一定能像他一样尽心尽力。王连苦苦地劝说了很久，最终诸葛亮还是亲自带兵南下了。

诸葛亮欣赏的参军马谡这次没有跟着。他送诸葛亮出城时，一直送了几十里路。临别前，马谡对诸葛亮说："南中距离远，地势险要，历来不服从朝廷。就算今天打败了他们，明天他们还会造反。到时候您带全国兵力北伐曹魏，国内空虚，一旦被南中的人知道，他们更要造反。那么能不能把造反的人全部杀光以绝后患呢？也不行，这样太残忍，短时间内也做不到。兵法上说，攻心为上，攻城为下，心战为上，兵战为下。希望您收复南中那些人的心。"诸葛亮深以为然。

随后，诸葛亮带兵进入南中。《三国演义》中描写这场战争规模很大，蜀汉方面出动"川将数十员，川军五十万"和赵云、魏延、马岱等名将，南中叛军也有数十万兵力，还有木鹿大王的猛兽军团，兀突骨的藤甲兵，等等。历史上这次战争规

第四章　诸葛亮重整基业

模没那么大。诸葛亮率领的蜀汉正规军,战斗力远远超过叛军。平叛的主要难度在于地势复杂,军队水土不服,以及马谡说的,如何尽快收服当地的人心。

诸葛亮让几路人马齐头并进。他自己带领主力往西进攻越巂郡,对付夷王高定;马忠带兵从东路进攻牂柯郡,对付叛将朱褒;李恢往南进攻建宁郡,对付雍闿。永昌郡的吕凯、王伉等坚守本郡,牵制叛军。

双方开战很快分出了胜负。诸葛亮大军直逼越巂,不费吹灰之力打得高定溃不成军。雍闿赶紧去帮忙,还是吃了败仗。诸葛亮又用离间计,让两家起了内讧。高定杀了雍闿,集合了两家兵马再跟诸葛亮打,又吃败仗,大本营被蜀军占了。这个叛军首领纠集几千残部,杀人歃血,还想跟诸葛亮决一死战,最终还是一败涂地,自己人头搬家。这样越巂郡基本平定。

与此同时,马忠一路也进展顺利,斩杀朱褒,平定牂柯郡。李恢这一路攻入建宁郡,一度被雍闿留下的党羽包围在昆明。危急时刻,李恢灵机一动,仗着自己也是建宁郡人的身份,去和叛军套近乎,表示愿意投降。叛军因此麻痹松懈,举办酒宴大吃大喝庆祝胜利。李恢趁机带兵杀出,打得叛军四散奔逃,肃清了建宁郡。

这么一来,三路官兵都得胜,雍闿、高定、朱褒都死了,但南方的群众领袖孟获还活着。他纠合了雍闿、高定、朱褒的残兵败将,继续和诸葛亮作战。虽然孟获的兵力已经不如当初,但诸葛亮不想像对付雍闿等人一样消灭孟获。孟获在当地汉人和夷人中都有很高的威望，杀了他对蜀汉没什么好处。在我方有明显优势的情况下，诸葛亮决定实践马谡"攻心为上"的策略。

诸葛亮一边派军队追击叛军残部，一边在当地组织恢复生产，安定民心。同时，他悬重赏通缉孟获，只要活的。这样军事政治两手抓，孟获很快被诸葛亮打败活捉了。

孟获认为自己必定会人头落地。谁知道诸葛亮不但没有杀他，反而大摆酒宴招待他，酒足饭饱之后，还带着他参观自己的营寨和阵地，参观之后，诸葛亮问他："你看我的队伍如何？"

孟获心直口快地回答："以前我不知道官兵的虚实，所以打了败仗。现在看您的部队也不过如此。再有一次机会，我一定可以打赢！"

诸葛亮微微一笑："那好，我放你回去，整顿人马再来作战吧。"

孟获稀里糊涂被释放，重整旗鼓再战。他自以为了解了官兵的虚实，但打胜仗哪有这么容易？没多久，孟获又一次兵败被擒。这下可再没话说了。然而诸葛亮并没有杀他，也没逼迫他投降，反而再次放了他。这样的把戏一次又一次上演，孟获越打越没信心，越打输得越干脆，而诸葛亮每次都和颜悦色地让他吃饱喝足，再释放他。等到第七次被擒后，诸葛亮依然要放他，孟获终于感动了。他流着泪对诸葛亮说："丞相天威，我们南中人再也不造反了！"

有人认为诸葛亮"七擒孟获"太麻烦，而且还付出了不必要的代价。不过，历史上的七擒孟获，并没有《三国演义》中

第四章 诸葛亮重整基业

那样大的战争规模。诸葛亮之前已经击溃了南中叛军的主力，孟获带着的不过是一群残兵败将，掀不起大浪。诸葛亮对孟获的几次擒纵，只是费点事，不会有太多伤亡。诸葛亮大军南下，不光要镇压眼前的叛乱，还要安抚南中的人心，所以多花些时间也是值得的。直到今天，云南地区依然流传着诸葛亮的各种故事。

降服孟获之后，诸葛亮平定南中的任务就算圆满完成了。诸葛亮对南中的行政区划进行了调整，把原先的益州郡改名为建宁郡，又另外分设了兴古、云南两个郡。他任命李恢、吕凯、王伉、马忠等担任各郡太守，下面的官吏就直接安排南中地区的汉人和夷人头目们担任。

有人觉得南中人不可靠，应该多留些成都带来的官吏在当地，加强对地方的控制力。诸葛亮说："这样麻烦更大。如果各级官吏都留中央来的人，那要不要再留军队呢？南中本地人在战乱中死了不少，他们的子弟对外地人多少有些仇恨。要是不留军队，说不定官吏会被杀害；可留下军队，供养军队就需要粮食。粮食不可能千里迢迢从成都运来，那就只能从本地征集，这又是麻烦；另外，南中的汉人和夷人先前叛乱，本来心里就很不安，你留下太多官吏，他们觉得你不信任他们，反而会增加变乱的风险。他们内部出了任何冲突，也都会想这是不是成都来的人挑唆的。所以我既不在南中留军队，也不从南中征集粮食，官吏也少派，尽可能让当地人顺其自然，大致保持稳定就可以了。"

不过，诸葛亮也不是一味地放手。他的"攻心为上""仁义为本"都是手段，根本目的是要保证蜀汉朝廷可以有效地统治南中地区，获得南中的资源。因此，必须消除叛乱的隐患。

首先，诸葛亮从南中选择了勇猛彪悍的一万多户民众，把他们全部搬迁到蜀郡（成都一带）居住，从中选拔精锐的士兵，编组成一支"特种军团"，号称"无当飞军"，让王平担任指挥官。

剩下的民众，诸葛亮把他们分配给顺从朝廷的南中土豪们作为部属。诸葛亮又鼓励土豪们拿出钱财布匹，招募夷人勇士作为部下，招募得多的，还可以当大官。孟获等当地的头面人物都被封了官职，其中孟获官至御史中丞。

这样一来，诸葛亮就对南中的人力实现了控制。南中出产的黄金、白银、朱砂、黑漆和牲畜等也源源不断运入成都，供应蜀汉政府，为诸葛亮的宏大战略提供着有力的支持。

通过此次"七擒孟获"，南中得以安定。当然，并不是说在这之后当地就再没有人造反了。毕竟不能指望靠一次军事行动，再加上收服孟获，就彻底根除叛乱。但诸葛亮的军事手段加上政治手段，整体上确实稳定了南中的局面。这以后发生的叛乱都是小打小闹，像之前那种几个郡一起叛乱，动摇国家根基的事情再也没有发生了。

建兴三年（225年）末，诸葛亮带领南征大军返回成都。一个更重要的任务摆在了他的面前。

第四章　诸葛亮重整基业

第五节　诸葛亮上《出师表》

诸葛亮用了将近三年时间，完成了联盟东吴、剿抚南蛮两大任务。这样一来，之前对蜀汉最直接的两大威胁东吴、南中，已经转化为两大助力。接下来，诸葛亮剑指终极目标——北伐曹魏。

回到成都之后，诸葛亮忙于北伐的筹备工作。之前蜀汉的军队部署，是李严驻守东部的永安防备东吴，魏延驻守北面的汉中防备曹魏，诸葛亮自己坐镇成都。接下来诸葛亮打算亲自带兵北伐，就得另外安排益州腹地的军事负责人。他在建兴四年（226年）春天，把李严从驻扎了几年的永安调动到巴郡，修筑江州城，作为蜀汉国土腹心的军事基地。东部边境的防守，留给李严手下的都督陈到负责。诸葛亮自己则调度益州的人力物力，准备把大本营搬到汉中，以汉中为基地北伐。

蜀汉弱，曹魏强，这是客观事实。诸葛亮饱读兵书，又曾旁观刘备、张飞等人的多次战役，也曾亲自带兵。他知道，战争是实力的比拼，也是存在风险的。曹操、刘备都是天下一等一的军事大牛，就连他们也曾被比自己年轻得多的周瑜、陆逊打败。可见，胜败乃兵家常事。而诸葛亮受刘备重托，他承担不起这种风险。因此他打算尽量提升军队的战斗力，然后依靠军队本身的实力，而不是靠巧妙的奇谋战术去碾压敌人，取得

胜利。

但是,怎么提升战斗力呢?蜀汉相对于曹魏,一来人口少,兵源不足,全国军队加起来就十万左右。二是西南地区缺少马匹,难以组建大规模骑兵。步兵防守四川的山地当然没问题,要去关中平原跟魏国的骑兵冲杀,那可就麻烦了。

于是诸葛亮从两方面入手。

首先是改良军队的装备,打造锋利的刀剑和结实的铠甲。有了好的装备,士兵在战斗中不容易受伤,同时更容易杀伤敌人,战斗力自然提高,部队损失也会减少。蜀汉有丰富的铁矿,诸葛亮正好在这方面加强。当时蜀汉有位叫蒲元的铁匠,最擅长打造锋利的短刀。他打造的刀不但从选材、火候等方面严格要求,而且连淬火用的水都必须在固定的河流中取得。据说蒲元为诸葛亮打造了几千把钢刀,削铁如泥,能够一刀将装满铁珠的竹筒劈为两半,铁珠也全都被劈成两半。据相关资料记载,诸葛亮曾亲自过问匕首、斧头、头盔等军事装备的生产和配备工作。诸葛亮还设计了几种新式武器。比如著名的诸葛连弩,发射八寸长的短箭,一发十箭,相当于古代的冲锋枪。交战的时候数箭齐发,既可以阻击魏军的骑兵突击,也可以用于伏击,效果很好。

其次,诸葛亮严格训练士兵,平时多流汗,战时少流血。通过训练,不但提高了单个士兵的战斗力,也提高了士兵之间的配合度,培养了士兵令行禁止的习惯。诸葛亮训练军队非常仔细,不但制定了详尽的军令、军法、军规,而且注重细节。

第四章 诸葛亮重整基业

他制定的军令军规不但讲了应该怎么安营扎寨，行军索敌应该注意什么，甚至当敌军骑兵冲过来时，第一时间怎么躲，弓箭手怎么发射，长矛手怎样配合，一丝一毫都讲解得细致入微。蜀汉士兵只要按照他的规定努力训练，熟能生巧，自然就成了强大战争机器的一环。

诸葛亮还研究出各种阵法。最著名的叫"八阵图"。《三国演义》中的八阵图非常神奇，诸葛亮不用一兵一卒，仅仅用一堆堆石头摆成图形，竟然就引起阴风大作，神鬼怒号，东吴大将陆逊进阵去后兜兜转转再也出不来。这简直就是魔法。其实历史上的阵法，就是军队用冷兵器作战的队形，按照某种队形，可以更好地发挥军队战斗力，打起来可以少吃亏，多占便宜。诸葛亮的"八阵图"，是在古代《太公兵法》（又称《六韬》）《司马法》《孙子兵法》等兵书战阵的基础上发展而来的。这个阵法把全军分为天、地、风、云、龙、虎、鸟、蛇八个分阵，每个分阵又有若干个小阵，分别按照一定的队形和位置排列开来。在两军野战时，根据不同的战场形势，各个分阵、小阵变换阵型，或分进合击，或首尾呼应，确保我方全军的各部分构成一个有机整体，相互配合，同时对敌军分割包围，各个击破，取得战场上的优势。依靠这个阵法，能在野战时更多地杀伤敌人，减少我军损失。诸葛亮自己记载说，八阵图编练完成之后，蜀汉军在战场上即使失利，也基本可以保证主力退下来，不至于全军溃败。

诸葛亮打仗还非常重视情报工作，在他的军事条令中，将

军怎样探察地理条件,怎样招募当地人当向导,怎样派人侦察敌情,怎样用信号旗传递信息,都有详细的规定。

依靠装备和训练上的苦心积累,诸葛亮编练出了一支能征惯战的队伍,准备北伐。

建兴四年(226年)夏天,又传来一个好消息:魏文帝曹丕病逝,年仅四十岁。曹丕作为三国时第一位皇帝,他本来可以趁吴蜀两家夷陵之战时坐收渔利,甚至统一天下。但他没有抓住机会。先是坐山观虎斗,等蜀汉兵败后,又去进攻东吴,结果被打了回来。其后几年,曹魏在东南和吴国纠缠不休,北边又遭到鲜卑人的接连入侵,反而陷入被动。曹丕直到临死之前,才勉强把自己的长子曹叡立为继承人。

这时候,曹魏正处在最虚弱的状态,无疑是进攻的大好机会。但诸葛亮并没有立刻出兵,因为他还没做好准备。蜀汉国小人少,而且进攻魏国要翻越秦岭,战线很长,难度很大。诸葛亮性格谨慎,他吸取了当年关羽和刘备的教训,绝不肯在准备不充分的情况下仓促发动进攻。所以他要等到万事齐备才会动手。哪怕眼前的机会非常诱人,他也不为所动。

好消息一个接一个传来。东吴孙权得知曹丕死的消息,也觉得是个机会,立刻向魏国发动了猛烈进攻。当年秋天,孙权亲自进攻江夏,被魏国大将文聘击退。孙权又派诸葛亮的哥哥诸葛瑾进攻襄阳,也被大将司马懿击退。东吴的这几次进攻,牵制了魏国的注意力,对蜀汉即将进行的北伐颇有好处。

紧接着,又来了一个惊喜。过去的叛将孟达也送来密信,

第四章 诸葛亮重整基业

表示愿意再次反魏投蜀。

几年前孟达背叛蜀汉，本来是迫不得已。刘备死后诸葛亮执政，李严是二把手。孟达和李严是老朋友，对诸葛亮的才能和人品也很敬佩。诸葛亮也早就在打孟达的主意。他平定南中后，就写信给孟达说："以你的才能和志向，怎么能空挂一个虚名，而终老林泉呢？当初你离开，完全是因为刘封欺人太甚，错不在你；听说你后来在魏国，也说过我的好话。现在给你写这封信，别忘了咱们当初的交情。"孟达接到信很感动，当即回信答谢。从此诸葛亮和孟达之间书信往来不断。蜀汉二把手李严也写信给孟达说："我和诸葛亮一起受刘备的临终托付，肩上的担子很重啊，多么希望有一个得力的同伴来帮我们分担。你来不来呢？"

孟达到魏国之后，虽然官爵不小，但没掌握什么实权，不能发挥自己的满腹才华和平生志向。只是曹丕对自己还不错，他不好意思再背叛人家。等到曹丕去世，曹叡继位，孟达在魏国的其他好友、靠山也一个个离世，孟达的日子就不好过了。他开始真心和诸葛亮联络，准备再度回到蜀汉阵营来。

当时孟达担任魏国的新城太守，镇守汉水中游的上庸、西城、房陵一带。这片地区西接汉中，南连永安，东下则是襄阳。如果孟达真的带着这片土地归蜀，那么蜀汉就可能开辟进攻魏国的第二条路线，战略上的空间大大增加。

天时，地利，人和。北伐曹魏，兴复汉室的条件已经成熟。建兴五年（227年）暮春，诸葛亮向皇帝刘禅上了一道表章，这就是千古闻名的《出师表》。这篇八百多字的表文，被历代文人奉为经典，被历代爱国志士当作热血檄文。

表文开始，诸葛亮讲述先帝刘备去世，如今天下三分，蜀汉国弱。虽然局势危急，但文武官员依然愿意为国尽忠，希望刘禅也努力完成作为皇帝的职责。

随后他指出，"亲贤臣，远小人"是西汉强盛的经验，而"亲小人，远贤臣"是东汉衰败的教训。他推荐了郭攸之、费祎、董允、向宠、杨仪、蒋琬等忠臣贤士，希望刘禅重用、信任他们，这样就一定能使国家兴盛起来。

接下来，诸葛亮回忆自己二十一年前被刘备三顾茅庐请出，从此为刘备效力的经历。又回忆了几年前刘备在白帝城托孤之事，自己从那时起，日夜都在忧虑，生怕辜负了刘备的重托。

最后诸葛亮告知刘禅，现在"南方已定，兵甲已足"，正当带领大军北伐中原，消灭曹魏，兴复汉室。他希望刘禅遵循刘备的遗诏，好好学习，听取谏言。

这篇表文中，诸葛亮表现得不像一个臣子，更像一个父亲。内容上，不是像"隆中对"那样逻辑严密，一气呵成。通篇下来，我们能读出"忠诚"，读出"关爱"。诸葛亮对小皇帝刘禅，兼具了君臣、师生乃至父子的情感。正因为爱他、关心他，才会对离开后的事情放心不下，一遍一遍回头叮嘱，才会不顾小皇帝的逆反和厌烦，反复述说，还生怕他听不进去。

诸葛亮写这篇表文的时候，或许更能感受到刘备病榻前托孤的心情吧。

第四章　诸葛亮重整基业

《出师表》递上去之后，刘禅也下了一道诏书，向天下宣告讨伐曹魏。之后，诸葛亮留下长史张裔、参军蒋琬等人管理丞相府的事务，让侍中郭攸之、费祎和侍郎董允管理刘禅宫廷的事务，让向宠等带领御林军守卫首都，整个后方的防务交给驻扎江州的李严负责。诸葛亮自己则带着吴懿、赵云、邓芝、杨仪、马谡、王平等将领谋士，以及蜀汉的主力部队，前往汉中与魏延会合。

整个三国时期，乃至整个中国古代最具有理想主义色彩的战争拉开了序幕。

第五章

北伐中原

第一节　声东击西开好局

诸葛亮最大的优点就是谨慎，做事一丝不苟，各方面考虑充分，准备妥当，绝不冒失。所以他才能在十多年中给刘备当好管家，并在刘备死后执掌蜀汉政权。他自己在《出师表》中都说"先帝知臣谨慎，故临崩寄臣以大事也"。

但诸葛亮最大的缺点也是过于谨慎。要争夺天下，不可能有万无一失的法子。尤其打仗，本质就是冒险。太害怕风险，也会错失很多机会。如果原本我方占据优势，那求稳没错；但本身敌强我弱，再一味谨慎，就可能变成被动挨打。

诸葛亮第一次北伐，就充分体现了他的这一性格特点。诸葛亮平定南中，是在建兴三年（225年）的年底。次年夏天曹丕驾崩，魏国混乱，正是攻击的好时机，孙权在这年秋天就出兵攻魏。而诸葛亮呢？他没有配合东吴出兵夹击，而是在成都大力发展军备。直到建兴五年（227年）暮春才上《出师表》，带着大队人马到汉中。诸葛亮固然用这大半年进行了更充分的准备，但魏国方面也没闲着，曹叡的皇位坐稳了，人事变动基本也搞完了。一个准备充分的魏国，必然更难打。

第五章 北伐中原

这一年,诸葛亮的亲儿子诸葛瞻出生了。诸葛亮与黄夫人结婚二十余年没有孩子,还专门把大哥诸葛瑾的次子诸葛乔收为养子。这次汉中战备,诸葛乔也带着几百民工搬运粮食。而诸葛瞻很可能是诸葛亮的妾生的。这一年诸葛亮已经四十七岁了,老来得子,诸葛亮对诸葛瞻的疼爱可想而知。然而重任在肩,他顾不得多享受天伦之乐,更没工夫对儿子进行启蒙教育,就又一头扎进繁重的战备之中。

建兴五年(227年)春天到了汉中之后,诸葛亮还不动手,而是继续在汉中整备,修道路、造战具、屯粮草。几万大军这么大的动静,哪里瞒得过人家?魏明帝曹叡得知消息,甚至想主动调集大军,抢先进攻汉中,被大臣孙资劝住了。曹叡就派大将曹真在关中地区加强戒备。这样一来,北伐的困难就更大了。

诸葛亮埋头准备的过程中,又传来一个坏消息:孟达死了。

原来孟达在诸葛亮、李严的劝说下,准备再次叛魏归蜀。却被当初一起叛蜀归魏的申仪给告密了。司马懿写信安抚孟达,叫他别起异心。孟达也写信给诸葛亮说了这事儿,诸葛亮催孟达赶紧起兵。孟达却不以为然:"司马懿屯兵宛城,距离洛阳八百里,离我一千二百里。他就算准备攻打我,光上奏朝廷,来来回回就要一个月,到时候我早就准备好了,根本不怕他!"哪知司马懿不按常理出牌,根本不向皇帝曹叡报告,直接带领大军倍道兼程杀奔新城,仅仅八天就到城下,猛攻十六天后,城中投降,孟达被杀。

这是发生在公元 228 年春的事。几乎就在孟达丧命的同时，诸葛亮带领大军，正式开始北伐。历史上，诸葛亮任丞相时，蜀汉一共向魏国发动了六次进攻，这是第一次。《三国演义》中把这六次北伐，叫作"六出祁山"，每一次战争都是在祁山附近打的。但历史上，这六次作战换了好几个方向，并不是每次都从祁山出发。

蜀汉军队北伐，主要就是从汉中地区（今陕西省南部），翻越秦岭，进攻曹魏占据的关中地区（今陕西省中部和甘肃省东南部）。从汉中到关中有好几条道路，从东到西依次是子午道、傥骆道、褒斜道、陈仓道和祁山道。应该走哪一条路呢？

刺头将军魏延提出了他的想法。他说："我这些年一直镇守汉中，十分清楚曹魏那边的情况。曹魏镇守长安的主将是曹操的女婿夏侯楙。这家伙又胆小又愚蠢，根本没什么本事。丞相给我五千精兵为先锋，再派五千人跟在后面运输粮食，我带着他们从最东边的子午谷小路过去，直扑长安，不到十天就能到长安城下。夏侯楙肯定要吓得弃城逃跑，我可以轻而易举地拿下长安。魏国那边就算得到了消息，他们大队人马要集合过来，至少得二十多天。到那时候，丞相您带着主力部队，走中间的褒斜道过来和我会合。这样一来，整个关中地区就是咱们的了！"

魏延信心满满，诸葛亮却没有同意。他觉得魏延这个计划太冒险了。把成功的希望，完全寄托在敌将夏侯楙的不战而逃上，这怎么靠谱呢？万一魏延的奇兵被堵在子午谷中怎么办？

第五章 北伐中原

或者夏侯楙没有逃跑，而是坚守长安，怎么办？再或者，魏军大队人马比预想的到得更快，诸葛亮的主力没有及时赶到，魏延的一万人马变成孤军，怎么办？

两人争了一阵，谁也说服不了谁，最后当然只能听诸葛亮的。魏延私下发牢骚说："丞相太胆小了！"

诸葛亮驳回了魏延从子午谷抄近路直驱长安的计策，那他打算走哪条路呢？他准备选择最西边的一条路，绕过秦岭，出祁山，先攻占魏国雍州西部的几个郡，在那里站稳脚跟，之后再顺势攻取更西边的凉州（也就是今天的甘肃武威）。这些地方是羌族、氐族等少数民族的聚居地，魏国统治比较薄弱；蜀汉如果能占领这一大片地方，不但在秦岭北边有了基地，还可以获得宝贵的马匹，组建骑兵。然后，再从南面和西面两个方向夹击长安，就容易多了。

诸葛亮决定借用他之前跟随刘备进益州，以及自己打南中时的经验，来个"避实击虚"，选择魏军薄弱的环节，集中相对优势的兵力进行攻击。

为了达到出其不意的效果，诸葛亮还来了个声东击西。他派老将军赵云和邓芝带着一支人马，大张旗鼓，从中间的褒谷、斜谷一线北上，伪装成主力的模样。诸葛亮希望这样可以把魏军的注意力吸引过去，造成西部空虚。诸葛亮自己则带着主力，还有魏延、吴懿、吴班、马谡、王平等一群文武官员，悄然无声地向祁山大路行进。

诸葛亮两路出兵、声东击西的办法，有没有成功呢？

确实成功了。

赵云和邓芝虚张声势从斜谷杀过去,确实把魏军给蒙住了。当时魏国负责西线的总指挥官是大将军曹真。他是曹操的养子,也就是魏国皇帝曹叡的叔叔。曹真听说这消息,赶紧带领大队人马向斜谷、箕谷方向进军,准备迎头痛击蜀军。雍州刺史郭淮也带着西边各郡的太守们准备策应。

这样一来,曹魏防御的重心,就被赵云吸引到了东边,西边出现了空档。这时候,诸葛亮带领几万大军,杀奔雍州西部而来。曹魏方面完全没有防备。诸葛亮的军队不但装备精良,阵法娴熟,而且号令严明,军纪肃然。魏国边境军队立刻被打得稀里哗啦,败退下去。

当时魏国雍州刺史郭淮正在天水郡视察,天水郡太守马遵也陪着一起。他们听说诸葛亮大军来了,吓了一跳。郭淮想,东边的后勤基地上邽城很重要,不能丢。他迅速策马往东赶去守上邽。马遵来不及多想,也打算跟着郭淮过去。这时候,马遵身边有个人出来说:"太守大人,您要是走了,天水郡肯定就要丢了。您还是带着我们回守冀县吧。"

说话这小伙子,是天水的一员副将姜维,字伯约。但马遵已经吓破了胆,生怕当诸葛亮的俘虏。他拒绝了姜维的建议,反而怀疑姜维是不是和诸葛亮有勾结,想拿自己当见面礼送给敌人。马遵越想越害怕,干脆丢下姜维等人,自己连夜逃去上邽城,还把城门关起来,不让后面的人进城。

姜维等人远远地跟着马遵跑到上邽,发现城门已经关了,

第五章　北伐中原

怎么叫也不开。没办法,他只好回冀县。等回到冀县,当地人已经打算投降诸葛亮了。姜维虽然年轻,但在当地深受尊敬。冀县的官吏和百姓看姜维来了,都很高兴,就簇拥着他去见诸葛亮。

诸葛亮看姜维年纪轻轻,一表人才,和他聊了些行军打仗、治理地方的事情。诸葛亮越聊越欢喜,这个小伙子聪明能干,对军事和政治问题的看法也颇为不凡,真是个可造之才啊!他像捡到一个宝贝一样,对姜维格外器重。

而姜维呢,他看着眼前这位谈吐非凡,气度沉稳,又亲切又威严的丞相,听诸葛亮讲述自己的理念,也被诸葛亮的人格魅力所征服。他决定不给魏国当官了,从此跟着诸葛丞相,为了兴复汉室而努力。以后的三十多年,姜维就全身心投入诸葛亮的事业中。诸葛亮死后,姜维还不断发动北伐,最终为蜀汉流尽最后一滴血。当然,这是后话了。

不光冀县投降了诸葛亮,天水郡的其他城市,还有天水西边的南安郡和东边的安定郡,看见诸葛亮的军队这么强盛,也都投降了。再加上当时距离曹丕称皇帝也就八年左右,大家对汉朝还是很怀念的。就这样,蜀汉大军接连夺取了三个郡的地盘,雍州西部地区已经有半数的领土变色了。

但是,诸葛亮的北伐军,还面临很多不利因素。

第一个不利因素,是魏军在关中的主力,也就是曹真率领的野战部队,虽然被赵云诱骗进了斜谷,但以赵云的兵力,是不可能拖住他太久的。一旦曹真回师,诸葛亮就会面临劲敌。

第二个不利因素，是郭淮率领的地方部队，已经在上邽一带集结，可以反攻倒戈的三郡，也可以阻拦蜀汉军队东进。

第三个不利因素，是西边的陇西郡太守游楚，他坚决抵抗蜀汉军，威胁蜀汉军的侧翼。

第四个不利因素，是更西边，魏国的凉州刺史徐邈，已经派出部队来增援雍州。

第五个不利因素，是祁山等要地依然掌握在魏军手中，蜀汉军一时难以攻下。

第六个不利因素，是三郡投降诸葛亮后，蜀汉军的战线进一步拉长，兵力更分散。

更何况，魏国朝廷的大军也在增援的路上。

魏国皇帝曹叡年少气盛。之前他听说诸葛亮在筹备北伐时，就打算先下手为强，出兵南征蜀汉。虽然后来被大臣劝住，但作战计划是现成的。诸葛亮出兵祁山，三郡反叛的消息一传来，曹叡马上命令左将军张郃带领精锐步兵、骑兵五万，从洛阳地区急行向西截击诸葛亮。曹叡自己也火速赶往长安坐镇，源源不断调动军队前来支援，作为曹真、张郃他们的后援。

诸葛亮过去也曾经多次带兵打仗，但打仗的对手，不管是入川时的刘璋部下，还是平定南中时的反叛军，战斗力都远远不如曹魏的主力部队。昔日敌方的指挥官严颜、张裔、高定、孟获等，他们的军事才能也很难和曹魏老将张郃相比。

诸葛亮面临着独立带兵打仗以来的第一次重大考验。

第二节　失街亭一伐兵败

蜀汉建兴六年（228年）春，诸葛亮首次北伐取得不小的战果，赵云的佯攻部队成功把曹真率领的魏国关中主力吸引到了斜谷、箕谷，诸葛亮的主力则出祁山，天水、安定、南安三郡投降。这时，张郃率领的五万曹魏中央军正从东边疾驰而来。怎么办？

一千七百多年后，毛主席给出了建议：诸葛亮亲自率领主力去和张郃决战。就是集中兵力先打垮敌人的军队，再顺势夺取地盘。

然而诸葛亮却采取了分兵的策略。他派出一部分兵力，去街亭（今甘肃省天水市秦安县陇城镇，位于祁山东北方向）布阵，阻击张郃。其余部队继续围攻祁山的魏军营寨，以及雍州西部尚未投降的郡县。

诸葛亮为何选择这种部署？或许那时候他还缺少大战经验，对于去和张郃主力会战没有胜利把握。或许他觉得，只要街亭能挡住魏军一段时间，他就可以很快平定雍州西部，然后再回头跟张郃打，那就万无一失了。

那么派谁去守呢？当时军中一致认为，这种重要任务应该交给勇猛的魏延，或者刘备的大舅子吴懿。这两位都是经验丰富的名将。诸葛亮却做出了让他悔恨终身的决定：命参军马谡为主将。众将听说，都是一片哗然。

刘备在临终前曾专门告诫诸葛亮，马谡"言过其实"，不可大用，诸葛亮却没有听。诸葛亮自以为根据多年的相处经验，他对马谡的了解比刘备更深；又想起马谡过去给自己出谋划策的种种好的表现，认为马谡已经今非昔比。可是他忘了，出谋划策的谋士，和独当一面的主将，对人的要求是完全不同的。独当一面的主将，不仅需要谋略，更需要决断力，甚至还需要耐心，需要勇气。而马谡在这些方面完全没有经受过考验。

总之，马谡带着一两万兵力和副将王平、张休、李盛、黄袭等人，前往街亭。诸葛亮要求他在街亭当道扎营，一定要挡住张郃！

按《三国演义》中的剧情，马谡到了街亭，看见地势险要，非常得意，认为兵法云"居高临下，势如破竹"，于是上山扎营，要把魏军全部歼灭。历史上马谡到了街亭，很可能心情完全相反。因为街亭地势并不算特别险要，马谡考虑的不是消灭魏军，而是怎么避免自己的军队被优势魏军吃掉。

这里就暴露出马谡的弱点：以前没有单独带兵，缺乏决战的勇气。他决定上山扎营，居高临下自保，这就严重违背了诸葛亮的安排。经验丰富的副将王平一再劝马谡，让他还是听诸葛丞相的安排，当道扎营才好。马谡充耳不闻，还是带着蜀汉军爬到山上去了。

很快，张郃率领的魏军杀来。马谡只有三十九岁，而老将张郃光是从军打仗就有四十多年。他一眼就看出了蜀军布阵的弱点：山上没水。于是张郃把山头包围起来，截断了蜀汉军取

第五章 北伐中原

水的道路。

人没饭吃还能扛一两天，没水喝半天都顶不住。蜀汉军很快慌作一团。张郃趁机亲率大军，发动了雷霆般的袭击。蜀汉军瞬间溃败，几个将军都找不到部队，混在败兵中一起逃跑。

张郃大笑着下令追击，一定要把蜀汉军全部消灭！正在这时，战鼓响起，路边又杀出一队蜀汉军，队伍严谨，刀枪林立，丝毫不乱。张郃不知道是不是有埋伏，又想现在魏军已经大获全胜，不必再冒险，就停止了追击。

路边的这支蜀汉军，正是裨将军王平的队伍。虽然只有一千余人，却依靠指挥官的镇定和勇气，在强敌面前得以保全。随后，王平把军队排成警戒作战的队形，不慌不忙地后撤。沿途还收罗了不少马谡等部的溃兵。

街亭溃败的消息传来，整个雍州西部形势大变。蜀汉"分路围攻"的战略，随着马谡阻击部队的溃败和张郃大军的逼近，完全破产。蜀汉军处于分散状态，而且新吃败仗，锐气已挫，面对进逼而来的魏军主力，很难翻身。诸葛亮也明白，第一次北伐败局已定，再恋战有害无益。他迅速纠合分散的部队撤退。先前投降的南安、天水、安定三个郡只好丢下，顺道只带走了西县的一千多户老百姓。那时候蜀汉人口只有一百万上下，带回来几千老百姓也算是个小小的补充了。

按照《三国演义》的记载，这期间发生了诸葛亮设"空城计"吓退司马懿的故事。这个故事当然是虚构的。历史上司马懿要到三年后蜀汉第五次北伐时，才接替曹真和诸葛亮交手。

"空城计"的最初出处，是晋代郭冲整理的诸葛亮轶事，但这个记载疑点也是很多的。

诸葛亮的主力被张郃军团及雍州郭淮等部击退的同时，在雍州中部的箕谷，曹真也向赵云、邓芝发动了猛攻。赵云、邓芝本来就是诱敌部队，战斗力不强，士兵们散在箕谷里一片慌乱。危急关头，老将赵云发扬"浑身是胆"的勇敢作风，亲自带领一队人马，摆出玩命的架势断后死战。箕谷地势狭窄，大军发挥不开，赵云一拼命，魏军的气焰就下去了，蜀汉军将士也不再慌乱。邓芝趁机把分散的兵士整合起来，沿着箕谷、斜谷缓缓后撤。赵云依然亲自断后，一边退，一边把沿途栈道都烧毁。曹真看赵云防备很严，也就停止了追赶，转往西边攻打叛乱各郡去了。就这样，原本敌我实力最悬殊的赵云、邓芝这一路，损失反而是最小的，保持了完整的建制，一个没落下，连军用物资也基本都带回来了。

随着诸葛亮、赵云两路人马先后退回汉中，蜀汉第一次北伐也就完全结束。

本次北伐，机会很难得。魏军对雍州方向的防备并不是十分充分，尤其曹真被吸引到斜谷，对诸葛亮绕祁山的准备不足，所以蜀汉军一出，关西震动，一口气就得了三个郡。然而先胜后败，三郡得而复失，部队损失不小，铩羽而归。诸葛亮迎来了带兵生涯中的第一次严重挫折。

这次北伐失败，最直接的原因就是街亭兵败，直接责任人当然就是马谡。胜败乃兵家常事，打败仗不一定有罪。马谡的问题在于，他违背诸葛亮"当道扎营"的命令，擅自上山，导致未战先败，全军迅速崩溃。

如果听主帅的部署，打了败仗，主帅也有责任。不听主帅的，就算打赢了也是违令，何况打输了，更何况输得这样快，这样惨！

更过分的是，马谡在兵败之后，害怕遭到处罚，竟然离开队伍潜逃。马谡的老乡向朗包庇他，知情不报，还给他打掩护，但天网恢恢，最终他还是被朝廷抓起来，下了监狱。

诸葛亮原本对马谡寄托厚望，甚至顶着大家的压力，让他代替魏延、吴懿把守街亭，结果闹出这种事儿来！看马谡这么不成器，诸葛亮气得捶胸顿足。他做出了决定：按照军法处死马谡。

这当然让他心痛，但他别无选择。正因为马谡是他的心腹爱将，他必须更严格地执行军法，不得包庇。

也有人提出异议，觉得马谡智谋出色，杀了可惜。蒋琬就说："春秋时楚国大将成得臣打了败仗，被楚王杀掉，敌对的晋文公因而庆幸。现在天下还没定，就处死这样的智谋之士，也有些可惜啊。"诸葛亮流着泪说："当年孙武之所以能天下无敌，是靠军法严明。现在天下还没定，要是我自己徇情违法，那还怎么讨伐曹魏，兴复汉室！"

诸葛亮的痛苦，监狱中的马谡比谁都清楚。他非常悔恨，悔恨自己眼高手低，不听诸葛亮的话，葬送了北伐大业，又连累诸葛亮处于这种矛盾中。但后悔已迟，马谡只好在狱中自杀，年仅三十九岁。

马谡犯了军令，该死，但诸葛亮也不掩盖自己的悲痛。他亲自祭祀马谡，挥泪不止。蜀汉的文武大臣和士兵，也都为之流泪。

杀了马谡，朝野的心气可以平了，但诸葛亮还要进一步追究责任。

第一个责任人就是他自己。他上表给刘禅说："我作为主帅，用人不明，执法不严，才造成了马谡在街亭违令，请按照规定把我贬官三级，以儆效尤。"后主刘禅就把诸葛亮贬为右将军，但依然管丞相的事。

马谡的几个副将，张休、李盛鼓动马谡违令，一并处斩；黄袭等被剥夺军权。向朗在马谡逃亡时包庇隐瞒，贬为平民。此外，箕谷方向兵败，主将赵云从镇东将军贬为镇军将军。

打了败仗要受处罚，表现好的也有奖励。表现最好的当然是王平，他不但曾多次忠言劝告马谡，而且在马谡全军溃败时，还能击退张郃，甚至整合了不少马谡的溃兵。诸葛亮大为惊喜，就提拔王平为参军（顶替马谡以前的职务）、讨寇将军，并且加封为亭侯。王平一跃成为蜀汉的重要将领，在今后多年立下赫赫战功。此外赵云虽然在箕谷打败仗被贬官，但他败而不乱，亲自断后，保全了军队和物资，这一点也是要赏的。诸葛亮准备把带回来的军用物资给赵云，让他赏赐给士兵。赵老将军还是坚持原则，他说："打了败仗，还赏赐什么啊。请把这些财物先放进库房，等冬天再按惯例赏赐吧。"诸葛亮不禁感叹，要是马谡能有赵云的一半稳重就好了。可惜,赵老将军也很快就去世了。

第一次北伐也有收获,那就是姜维。这一年姜维年仅二十七岁。他很有进取精神,思维缜密,在军事方面特别有天赋,而且胆子大,行事果决。这让诸葛亮非常欣赏。回到汉中之后,诸葛亮就任命姜维负责军粮仓库的管理,加奉义将军,封当阳亭侯。后来,他又选取全军最精锐的五千多名步兵,让姜维负责训练。从那时起,姜维成为诸葛亮的心腹爱将,并在蒋琬、费祎之后继任为蜀汉的最高军事统帅,进行了多次北伐,为蜀汉流尽了最后一滴血。

吃了败仗,还有蜀汉官员不服气。他们对诸葛亮说:"上次咱们兵力不够,下次再多派些兵马去,一定能打赢!"诸葛亮说:"咱们的兵马并不少,之所以被敌人打败,主要是我作为主将犯了错误。今后我准备精兵简政,进一步严明赏罚,检讨错误,才能更好地应对各种局面。不然的话,兵再多有什么用呢?希望你们诸位都尽量指出我的错误,这样才能兴复汉室。"

就这样,诸葛亮一方面向全国引咎自责,检讨自己的错误,另一方面选拔奖励勤勉的官员和作战英勇的将士,训练军队,打造兵器,以准备下一次北伐。

第三节　二次北伐斩王双

诸葛亮精心筹备的第一次北伐失败之后半年,盟友孙权打了一个漂亮仗。东吴的鄱阳太守周鲂写信假装投降,引诱魏国大司马曹休带兵南下,然后被陆逊率领的东吴大军围攻,杀得曹休大败,曹休逃回来没多久就病死了。魏明帝曹叡大怒,往东线调集大军,命司马懿、张郃等人从荆州东下,狠狠报复孙权。东吴赶紧联系蜀汉,请求支援。

于是诸葛亮准备进行第二次北伐。

这时距离第一次北伐败回已经过了半年,但大家还有顾虑。第一次北伐准备得如此充分,结果大败而归,这一次能不能赢谁也没有把握。诸葛亮也明白这个道理,但他别无选择。

据说,诸葛亮又写了另一个表章给刘禅,称为《后出师表》。如果说,《出师表》主要是向刘禅交代北伐出师后的琐事,那么《后出师表》主要回答了一个问题:为什么要北伐?

文章一开始,诸葛亮就阐明主题:先帝因为汉贼不两立,王业不偏安,所以托付我讨伐曹魏。我的才能有限,而且敌强我弱,胜算很小。但是不北伐,就更是坐以待毙。与其如此,还不如奋力一搏。

接下来,诸葛亮从六个方面论证了冒险伐魏的必要性。第一,当初汉高祖刘邦如此英明,手下萧何、韩信、张良如此厉害,

第五章 北伐中原

也是几经生死才打下江山，现在以咱们君臣的水平，怎么可能不冒险呢？第二，三十年前刘繇、王朗等人按兵不动，结果被孙策吞并江东，这是近世的教训。第三，曹操智谋过人，依然多次遇险，现在我诸葛亮远不如曹操，又怎能安安稳稳就平定天下？第四，曹操多次打败仗，吃大亏，所以我诸葛亮也不可能有什么"必胜之策"。第五，最近一年多以来，已经失去了赵云等多位将领和一千多精锐士兵，这都是先帝过去几十年纠集的四方精锐，靠益州一个州是没法弥补的，再等几年，还会有更多年老的功臣过世，那时候力量更弱，所以只能趁早北伐。第六，敌强我弱，就算不北伐，还是要维持庞大的军备；而要用一个州和大半个天下持久对峙，恐怕就更不可能了。

最后，诸葛亮感叹："天下的大事，变化多端，很难预计。当初先帝刘备在当阳兵败时，曹操都觉得天下已经快统一了，结果赤壁一战后，先帝东连孙权，西取益州，又占领汉中，斩杀夏侯渊，就轮到曹操痛苦惶惑了。可是转眼间又有东吴背盟，关羽丧命，夷陵兵败，曹丕篡汉，先帝又被命运狠狠地折腾了一把。所以，谁也说不准事情最终的成败。我自己只能做到鞠躬尽瘁，死而后已。"

这一篇文章，留下了好些千古名典，最著名的一句就是"鞠躬尽瘁，死而后已"。遗憾的是，这一篇《后出师表》出自东吴大臣张俨的《默记》，很可能不是诸葛亮写的。不过，全文的论调，确实切合诸葛亮的身份和当时的局势，也解释了为什么在明知敌强我弱的情况下，诸葛亮还要进行北伐。

平灭曹魏的终极目标，谁都知道很难实现。退而求其次，能够开疆拓土，稍微改变双方力量的对比，也是可以的。但这也非常艰难。那么再退而求其次，把战略定为"以攻代守"，或者说"宁可进取而败，胜过坐以待毙"。

顶着压力上，很难。而明知希望渺茫，还要坚持下去，那就更是难上加难。建兴六年（228年）夏天之后，诸葛亮就处在这样一种状况下。他当然知道希望渺茫，但他还是要做下去，为了自己年轻时的理想，也为了兑现对刘备的承诺。

于是建兴六年（228年）冬天，诸葛亮又发动了第二次北伐。这一次北伐，诸葛亮走的是从东到西第四条路。几万蜀军经散关进攻陈仓（在今陕西省宝鸡市）。

魏国的大将军曹真早在半年前就料到诸葛亮必然会再次北伐，特意派大将郝昭在陈仓守卫，把陈仓修筑得如同铜墙铁壁。诸葛亮的大军一到陈仓城下，就撞上个坚壁。诸葛亮先派郝昭的老乡靳详去劝降，被郝昭回绝。接着诸葛亮开始攻城。蜀军有数万之众，郝昭的兵只有一千多，双方众寡悬殊。但古代战争进攻坚城是最困难的。诸葛亮的兵虽然比郝昭多，但这些兵是蜀汉的主力，不可能为了一个陈仓城全部派上去，因此诸葛亮主要使用各种技术兵器攻城。郝昭恰好又是守城的高人，双方隔着城墙斗法，十分精彩。诸葛亮用云梯攻城，郝昭就用火箭射云梯；诸葛亮用冲车撞城，郝昭就用大石磨拴了绳子飞打；诸葛亮在城外竖起高达百尺的井阑，向城中射击，用泥球填平城壕，郝昭就在城内再修筑堡垒抵挡；诸葛亮挖地道通向城中，郝昭就在城内预先挖壕沟截断地道……

诸葛亮的主力被郝昭挡在陈仓城下,那边魏国朝廷自然不会坐视不管。大将军曹真立刻派大将费曜、王双等带领关中的主力部队前往救援陈仓。皇帝曹叡还怕不稳妥,赶紧召回正准备跟随司马懿一起攻打东吴的老将张郃,命令他带三万中央军和皇帝直属的武卫军、虎贲军等精锐,也赶到西边去抵抗诸葛亮。

在陈仓,诸葛亮攻打了二十多天,没有取得丝毫进展,而费曜、王双带领的关西援军已经接近,张郃带领的魏国中央军也正在朝这边赶来。诸葛亮果断下令撤军。

魏军高兴坏了。诸葛亮这么胆小,还敢侵犯我大魏疆土,这次定要杀他个片甲不留!大将王双率领精锐部队,踏过蜀军丢弃的营寨,紧紧追赶而来。然而追击了一段,王双忽然觉得有些不对劲。定睛看时,道路两边出现了严阵以待的蜀兵,耳畔响起如雷的战鼓声和喊杀声。不多时,王双战死,他的部下也被杀得尸横遍野,丢盔弃甲。

干掉王双后,诸葛亮继续撤退,回到了汉中。等张郃带着三万多精锐部队赶到陈仓城下时,蜀汉军早已不知去向。诸葛亮第二次北伐到此结束。

这次会战前后持续一个月左右,蜀汉军进攻陈仓没有得手,但在退兵时杀了魏将王双。相比第一次北伐的全线兵败,这次有了进步,也让蜀汉军心得到振奋。

但是,诸葛亮这一仗的战略目的到底是什么?

据说魏国老将张郃在出发增援之前,就算准他赶到陈仓时,诸葛亮已经退军,因为他知道诸葛亮没有带足够的粮食。按照《三国志》的记载,诸葛亮确实是"粮尽,引去"。

问题是,诸葛亮打仗只带一个月的粮食吗?那就算他一口气打下了陈仓,凭借一个月的粮食,又能做什么?

可见,诸葛亮的第二次北伐,或许并没有打算开疆拓土。他带着几万人马翻山越岭,仅仅是趁着陆逊击败曹休,曹魏注意力东移的这个机会,发动一次进攻。一方面,在战场上取得一些胜利,鼓舞国内的人心;另一方面,干扰魏国对东线的调兵遣将,分散盟友东吴的压力。最后这两方面的目的都达到了,张郃和三万多魏军被从东线吸引到了西线,同时成功斩杀王双,驱散了年初兵败的阴霾。还有人认为,诸葛亮这次走陈仓道进攻,是声东击西,调动魏军在这一线的防御,从而为下次北伐夺取武都、阴平二郡创造条件。

第四节 三次北伐取二郡

诸葛亮第二次北伐,从战场上捞到了一点好处,也试探出了魏军的行动习惯。回来没多久,到建兴七年(229年)春天,第三次北伐又开始了。

这一次,诸葛亮走的方向和第一次北伐类似,但没那么远。他派出大将陈式,带兵进攻雍州西南角的武都、阴平两个郡。

第五章　北伐中原

蜀汉大将陈式

> 陈式是蜀汉重要的第二代将领，在刘备攻打汉中时就曾独当一面，在夷陵之战中又曾作为吴班的副将统率水军。但史料对其记载较少。在《三国演义》中，陈式被丑化为一个能力低下、头脑简单、自以为是的小人。《三国演义》写陈式在定军山时曾被夏侯渊生擒，又写他和魏延一起违抗诸葛亮的军令，最后被诸葛亮处斩。还有传说陈式是《三国志》作者陈寿的父亲，所以陈寿要贬损诸葛亮。这当然更是无稽之谈。 _{小贴士}

武都、阴平位于魏蜀交界处，眼看蜀军一路杀过来，两郡的守将慌忙告急。雍州刺史郭淮立刻带领直属部队南下救援。

行到半路，郭淮得到另一条情报：诸葛亮率领大军，正在向魏军侧翼行动。

郭淮慌了。他当机立断，全军开溜！

郭淮一走，武都、阴平再也抵挡不住陈式的围攻，先后投降。诸葛亮见好就收，得胜班师汉中。

至此，第三次北伐结束。蜀汉成功夺取武都、阴平两郡，取得了首场战略胜利。武都、阴平两个郡是魏蜀交界的要地，占领了这里，蜀汉下一次从西线进攻时，就拥有了比较可靠的据点。

诸葛亮原本的战略目的或许不止于此，他也许还想利用武都、阴平围点打援，重创郭淮率领的雍州魏军主力。不过，郭

淮狡猾不肯上当,那吃下二郡也不错了。

一年时间内,诸葛亮连续发动了三次北伐,出兵动静一次比一次小,战果倒是一次比一次大。这让蜀汉人看到了一线希望。皇帝刘禅也很高兴。他虽然不大管事,但打胜仗的消息总比打败仗好。当初首次北伐失败,诸葛丞相自贬三级,从丞相降为右将军,现在打了胜仗,占领两个郡,刘禅就下诏书,恢复诸葛亮的丞相职位。

正在高兴的时候,东边又一个烦心的事儿传来:孙权称帝了,还专门派使者把消息送到成都。这下可头疼了。自古以来,咱们中国讲求正统,天无二日,民无二主。刘备称帝,打的是"继承汉朝正统"的旗号。站在蜀汉的立场上,篡夺汉朝的曹魏就是乱臣贼子,蜀汉和曹魏从政治上不共戴天,就是诸葛亮说的"汉贼不两立"。而孙权呢,过去他是"吴王",吴王和汉帝是可以并存的。现在他也自称皇帝了,蜀汉还怎么和他打交道?

蜀汉很多大臣都认为,孙权称帝是妄自尊大,蜀汉作为正统,不能妥协,应该昭告天下,严厉批判孙权这种大逆不道的行为,和他断绝联盟关系!

诸葛亮看着大家群情激昂,叹息道:"不行啊。孙权早就想当皇帝了,咱们为什么容忍他?因为咱们单独打不过魏国,所以才要借助孙权的力量!这几年合作得还不错。现在要是因为这件事和孙权翻脸绝盟,那他就变成了敌国。既然是敌国,咱们就得派兵往东去讨伐他,灭了他才好打中原。可是你们觉得真能灭了孙权吗?咱们都去打孙权,那不是让曹魏得利吗?"

诸葛丞相这么一说，大家都蔫了。诸葛亮又耐心地做思想工作："当年汉文帝也曾拉下面子跟匈奴和亲，咱们先帝刘备也曾和东吴结盟，这都是深谋远虑。现在有人觉得孙权不愿意出兵打曹魏，其实孙权他不是不想打曹魏，只是打不过。只要我们大举进攻曹魏，孙权一定会出兵。再说，就算他不出兵打曹魏，只要他不来打我们，至少让我们的北伐没有东边的后顾之忧，曹魏中原的军队还得留下一部分防着孙权，我们的压力也会减弱嘛！所以，咱们不必急着追究孙权称帝的罪过，还是先对付曹魏吧。"

大伙儿没话说了。统一思想后，诸葛亮就派大臣陈震去东吴，向孙权表示祝贺。孙权看蜀汉承认了自己的帝位，很高兴，就和蜀汉加强了盟约。两家还提前瓜分了天下，约定灭了魏国后，豫州、青州、徐州、幽州归东吴，兖州、冀州、并州、凉州归蜀汉，司州则以函谷关为界。

别看吴蜀联盟搞得热火朝天，诸葛亮可没有一味只想着北伐曹魏。他深知，魏国拥有强大兵力，绝不会容忍蜀汉接二连三地北伐而毫不反击。他提前为即将到来的暴风骤雨做准备。当年冬天，诸葛亮在汉中首府南郑城的附近修筑了汉城、乐城两座城，作为南郑的卫星城。没多久，魏军果然大举杀来了。

第五节 四次北伐败郭淮

诸葛亮三次北伐,加上孙权称帝,让魏国皇帝曹叡非常不爽。同样不爽的是从大将军升为大司马的曹真。先折了大将王双,又丢了武都、阴平,让这位曹魏西线总指挥如鲠在喉。曹魏太和四年(蜀汉建兴八年,230年)初秋,曹真上表请求讨伐蜀汉,得到批准。他制定了宏大的伐蜀计划。

大司马曹真的中央军主力部队,从长安出发,走子午谷南下。

征西车骑将军张郃的另一路主力,也从长安出发,走斜谷南下。

雍州刺史郭淮、后将军费曜等率领的雍州、凉州部队,从西边的武威、祁山一线东进。

大将军司马懿的荆州部队,从东边逆汉水而上西进。

各路大军一起平推到汉中,和蜀汉主力决战。

八月,二十万魏军如同数条巨龙,浩浩荡荡地翻山越岭,矛头直指汉中。

诸葛亮见曹魏出动这么多兵力,非常羡慕,心想:要是我用这些军队来北伐该多好啊!抛开幻想,诸葛亮和手下商量防御对策。相比于蜀汉千里迢迢翻山越岭去北伐,魏国打过来当然是更好的。兵来将挡,水来土掩,他要来汉中,咱们就在汉中和他决一死战!

诸葛亮估摸了一下汉中的兵力,觉得决战还差点底气。巴郡那边,李严这几年还攒了一支队伍,可以弄过来一起干。可李严私心重,只关心个人的利益。早在去年他就和诸葛亮商量,希望把益州东部的五个郡单独成立一个州叫"巴州",自己担任州刺史,这是公然想割据了,诸葛亮没批准。这会儿诸葛亮为了抽调李严的兵参战,就任命李严的儿子李丰为江州都督,又任命李严为中都护,署丞相府事,这样诸葛亮外出北伐,李严就能统领全局。这下李严满意了,高高兴兴地带着二万大军北上。诸葛亮又把在南方平定叛乱立下大功的马忠调来当参军,强化参谋班子。

魏国大军指向汉中,诸葛亮也在汉中的成固、赤坂一带集结了主力,严阵以待。眼看双方就要血战。这一仗,如果魏国得胜,那么蜀汉基本就完了。反之如果蜀汉得胜,就能给予魏国军队沉重的打击,诸葛亮的北伐希望将大增。全天下的眼睛都盯着这一战。

结果,天公不作美,下起瓢泼大雨来了。这雨一下就是三十多天,山溪汇成了山洪,大小河流水位暴涨。蜀汉军作为防守方,驻扎城池和堡垒,吃的苦头还小;魏军可惨了,道路全冲毁了,土地成了沼泽地,这里塌方,那里泥石流。魏军在大雨中瑟瑟发抖,后面粮食运不上来,连饿带冻死了不少人。曹叡看这样下去不行,就发诏书,让曹真回来了。

魏国这一次声势浩大的南征,就这么无疾而终。曹真当然

郁闷，诸葛亮也颇为遗憾。为了不让这次准备毫无收获，他派遣丞相司马、凉州刺史魏延，以及刘备的大舅子讨逆将军吴懿，带领一支精兵，趁着曹魏退兵的当口发动反攻。他们穿过第三次北伐时收复的武都、阴平地区，绕过秦岭，直扑魏国的雍州、凉州交界处。

魏国的后将军费曜和雍州刺史郭淮，刚刚从伐蜀的征途退回来，前脚到家，后脚蜀军就杀上门来了。两军在南安郡的阳溪一带激战。魏延好不容易得到独立带兵的机会，拼命猛冲猛打，郭淮被动受敌，被打得落花流水。费曜赶紧前去增援，又被吴懿迎头痛击。

这是蜀汉的第四次北伐（诸葛亮自己没有直接参与），蜀汉军队在战场上取得了不小的胜利。因为这个功绩，魏延被晋升为征西大将军、前军师、假节，同时还被封为南郑侯。吴懿也晋升为左将军，封高阳乡侯。

《三国演义》中的第四次北伐

罗贯中因为对魏延有偏见，在《三国演义》中完全不提这痛快淋漓的一仗，反而虚构诸葛亮趁曹真、司马懿退兵，亲自北伐，魏延违令吃了败仗，诸葛亮大破曹真，写信把曹真活活气死了，又摆八卦阵大败司马懿。但这故事就没法收场了。于是罗贯中又编排出"刘禅听信谣言，召回诸葛亮"的故事，把刘禅和诸葛亮都羞辱了一番。

打了这么大的胜仗，朝野都很高兴。李严又对诸葛亮说："丞相您看，曹魏大军入侵，铩羽而归；咱们的反击又大获全胜。魏延、吴懿都升官晋爵了，但您的功劳不是最大吗？我看您也可以称王，进九锡了。"

所谓"九锡"，是古代皇帝赏给大臣的九种礼仪物品，如车马、衣服、乐器、兵器、卫队等。赏赐九锡是极大的殊荣。但另一方面，权臣欺君乃至篡位的，也往往会让皇帝赐九锡。比如王莽和曹操都曾受过九锡。所以李严到底怀着什么心思，是说不清楚的。

诸葛亮呢？他严肃地回答："我本是一个庸才，先帝提拔我，让我位极人臣。现在我还没能剿灭曹魏，报答先帝的恩情，怎么能光想着封官晋爵呢？要是咱们最后灭了魏国，杀了曹叡，统一天下，大家一起升官，别说九锡，十锡也可以受啊！"

诸葛亮说的"十锡可受"，意思是再大的荣誉也受得起，而不是说真有一种档次更高的"十锡"。李严也只得作罢。

第六节　五次北伐射张郃

从建兴六年（228年）到建兴八年（230年），蜀汉进行了四次北伐。

第一次是主力部队全面战败。

第二次诸葛亮主力部队出动，没有打下陈仓，但退兵时伏

击追兵,杀大将王双。

第三次陈式偏师攻克了武都、阴平二郡,诸葛亮主力部队吓退了郭淮的雍州部队。

第四次仅仅出动魏延一支偏师,就杀得魏国雍州地方部队费曜、郭淮大败。

从整体趋势来看,蜀汉军队战斗力越来越强,战场形势越来越有利,因此诸葛亮很快又开始策划第五次北伐。这一次,诸葛亮决心在关中地区和魏国主力会战。所谓主力会战,就是通过决战摧毁敌军主力。这种会战投入兵力多,持续时间长,粮草供应需求更大。

为此诸葛亮做了两手准备。他让蜀汉的二号实权人物李严管理汉中地区,征集粮草,供应前方。又研发了一种叫作"木牛流马"的运输工具,专门用于山地运粮,效率大有提高。

木牛流马

诸葛亮制造的"木牛流马",是专门用于山地运粮的运输工具,史书上记载了一些技术参数,却没有具体的制作方法和图纸。一种观点认为木牛流马就是两种木轮车,可以很方便地翻山越岭;也有人认为是更加复杂的人力步行机械,近来还有人研究出各种复制品。

建兴九年(231年)春天,诸葛亮带着魏延、王平、吴懿、吴班、高翔、姜维、杨仪等文武官员和数万大军,再度出师北伐。

第五章 北伐中原

这一次走的还是最西边的大路，直指祁山。如果能击溃魏军主力，在雍州西部站稳脚跟，那么就可以一边向东继续压迫魏国，一边向西蚕食凉州地区，获得少数民族的人力资源和战马，逐渐改变魏蜀之间的实力对比。

过去负责西线总指挥的魏国大司马曹真恰好病重，不久后去世了。接替他的是司马懿。《三国演义》中曹真被写得很无能，司马懿是诸葛亮北伐唯一的对手。实际上之前一直是曹真在和诸葛亮对阵，诸葛亮六次北伐里，司马懿只在最后两次才和诸葛亮交手。

诸葛亮大军兵临祁山时，魏国方面的防御兵力是这样的：

大将贾栩、魏平守卫祁山营寨；

雍州刺史郭淮驻扎祁山北的冀县一带；

后将军费曜、征蜀护军戴陵守在祁山东北的上邽，与祁山呈掎角之势；

大将军司马懿、征西车骑将军张郃带着主力部队，从东边的长安一路过来增援。

弄清了敌情后，诸葛亮不慌不忙，先把祁山围起来攻打。

三年前第一次北伐时，他也是先围攻祁山。那时候，形势看上去比现在好得多，附近的天水、南安、安定郡都投降了。最后北伐却失败了。

现在形势更加严峻，敌人更加强大。但诸葛亮率领的蜀汉军，也有了更多的经验，战斗力大幅度提高。上次诸葛亮把军队分散得太厉害，又用了马谡去迎战张郃。这一次，他不会再犯同样的错误。他一边围攻祁山，一边掌握主力部队，准备打援。

冀县的郭淮和上邽的费曜都不敢轻举妄动，被围在祁山的贾栩和魏平却慌了神，他们一天三遍告急，请求支援。司马懿得知后，命令上邽的费曜、戴陵赶紧去救援祁山。费曜和戴陵只得服从。同时，郭淮的军队也从冀县南下协同行动，准备在祁山会师。

这时候，诸葛亮留下部分军队继续围攻祁山，自己带主力向上邽急行而去。郭淮、费曜一看，祁山没救下来，上邽先要丢了！他们赶紧掉头去拦截诸葛亮。谁知这正中了诸葛亮的计策。眼看着魏军上气不接下气跑过来，诸葛亮就地展开攻势，迎头痛击魏军。一仗下来，打得郭淮、费曜溃不成军。

至此，诸葛亮"围点打援"调动对手，取得了第一阶段的胜利。他乘胜东进，一路杀到上邽。上邽的魏军胆战心惊，龟缩城中哪里敢出来。诸葛亮也不攻城，命令士兵把上邽周围的麦子全部割了个干净。抢光了粮食之后，诸葛亮带着主力继续向东，迎战司马懿。

这会儿，司马懿、张郃带领的魏军主力也到了，两军在上邽东边遭遇。诸葛亮前去挑战。司马懿根本不出来打。他选了个险要的地方安营扎寨，闭门不出，任凭蜀汉军队在外面叫阵。

多次挑战没结果，诸葛亮也不能一直跟司马懿耗着。他把军队退到祁山继续围攻。

张郃对司马懿说："蜀军远道而来，就是想和我们会战，我们只要坚守，他就一点办法也没有。依我看，咱们把大军屯在这里，祁山的军队得到我们的声援，守下去也没问题。诸葛亮孤军深入，粮食并不多，就算抢了上邽的麦子也坚持不了多久，等粮食吃完自然就退了。"

司马懿在戏曲舞台上是个白胡子，其实他比张郃年轻得多，胆子也大。他觉得自己手握重兵，可以再走近点，就带着军队往祁山方向逼近。

诸葛亮见司马懿主力来了，就撤了祁山的围并向南转移。司马懿赶紧带着人马追赶。诸葛亮走到祁山南面几十里的卤城（在今甘肃省礼县附近）停了下来，主力安下一座大营，另外派一支偏师在南边安下一座副营。司马懿也抢占了一个山头，挖掘壕沟，修筑土墙，继续坚守不出。

两军就这么陷入了漫长的对峙。诸葛亮心里很急，魏军不出来交战，就只能干耗着，粮食供应困难啊。

司马懿的日子也不好过。他打定主意要坚守不出，耗光诸葛亮的粮草。可是手下的将领们觉得，自己的兵不比诸葛亮少，都到这里了，为什么不冲出去打啊？尤其贾栩、魏平几个，先前被诸葛亮围在祁山，怕得发抖，这会儿解了围，一心要出气。他们缠着司马懿说："大帅，您畏蜀如虎，不怕天下人笑话吗？"

司马懿当时定力不够，被部将这么一顿嘲讽，按捺不住，决定发动一次进攻。他看蜀汉军南面的营寨比较孤立，就命张郃带一队人马去围攻那个营寨。司马懿自己带着大军在中路列阵。在司马懿看来，凭张郃的能耐，打蜀汉南营是手到擒来，

诸葛亮非得去救援不可。等诸葛亮的主力出营了，他再拦截，让蜀汉军首尾不能接应，必然可以得胜。

张郃得令，带兵冲到了蜀汉南边营寨，开始围攻。三年前，他曾经在街亭击破马谡的部队，彻底埋葬了诸葛亮的第一次北伐。而这一次对面的敌手，就是当年在街亭交过手的王平。不同的是，那时候王平在书呆子马谡手下，现在的王平则是一路部队的独立指挥官。王平手下正是诸葛亮从南中征集的特种部队——无当飞军。他们拥有彪悍的斗志、娴熟的战术、精良的兵器和铠甲。不多时，王平打退张郃的数次猛攻，魏军遍地尸体。

这时，司马懿带领的魏军主力，也向蜀汉大营方向行动，策应张郃的围攻。

诸葛亮就等着这个机会。司马懿，你以为我会救王平吗？错了，我要的是你。

营门大开。征西大将军魏延、左将军吴班、右将军高翔等大将，带领蜀汉军呐喊着冲杀出去。几年来，两军第一次展开主力会战。刀光剑影，血肉横飞。蜀军进退有序，魏军被杀得人仰马翻，抱头鼠窜。

还是司马懿果断，一看不妙，立刻收兵回营，把张郃也调了回来。

这一战，魏军死伤很多，光是戴着头盔的精锐士兵，便被砍下了三千多颗人头。蜀军缴获的战利品，还包括五千副深色铠甲，以及三千多张弓弩。这是真正意义上的大获全胜。

但对诸葛亮而言，这一战有个副作用：从此司马懿再也不

第五章 北伐中原

肯出战了。冷兵器时代,敌军坚守营寨,你是一点办法没有的。诸葛亮一直等到夏末,汉中那边来人了。

来的是参军马忠和督军成藩。他们带来了李严的坏消息:军粮快要供应不上了。人是铁饭是钢,没粮食了,再能打也不行。诸葛亮很郁闷,也没办法。他收拾收拾,往东边退兵。

司马懿闻讯松了一口气。但他这次在战场上吃了好几次亏,比起曹真前两年的战绩,有点丢脸。于是他派张郃带兵追击蜀军,能收获一点是一点。

张郃不乐意。他说:"兵法上讲,围城要给人一条路,急着回去的敌军不要穷追,你把他们逼急了,他们要跟你拼命的。依我看,不用追了,不差这一点好处的。"可是司马懿行使统帅的权力,逼着他去。张郃只好不情不愿地踏上了追击之路。

勉勉强强追了几十里,到了木门这个地方。张郃一看地势,道路狭窄,两边都是山坡,心想不妙,赶紧让全军停下来。就在这一瞬间,山谷中鼓号大作,高处布满了蜀汉的军旗。转眼间,成百上千把诸葛连弩齐发,短箭如雨点一样射过来。张郃膝盖中了一箭,翻身落马。曹操手下"五子良将"中仅存的一位,就这样稀里糊涂死在司马懿的瞎指挥和诸葛亮的高精尖武器下。

蜀汉第五次北伐到此结束。这次战争持续了四五个月,蜀汉击败了魏军西线主力,还狙杀了曹魏名将张郃。张郃的阵亡,让魏国朝野震惊。魏明帝曹叡非常痛惜,在朝廷上当着百官的面叹息说:"蜀国还没灭,张郃就死了,这下怎么办啊!"司空陈群也来帮腔。辛毗怕他们君臣俩扰乱人心,赶紧出来稳定人心,意思是张郃死了也没有太大的影响。不管怎样,沮丧的气氛是没那么容易驱散的。

而诸葛亮也很失落。从战略态势上看,什么都没有改变。魏军战场上的死伤,对强大的魏国来说就是九牛一毛。蜀军寸土未得,粮尽撤退,下次还得从头再来。尤其这次原本打得顺风顺水,却因为粮食问题被迫撤退,实在让人郁闷。

说到粮食问题,负责粮食的是蜀汉二号军政大员李严。李严或许是之前在江州掌权习惯了,又或许是面子上拉不开,想淡化自己的责任,明明是他派人通知诸葛亮没粮了要退军的,等诸葛亮退兵时,他又故作惊奇地说:"哎呀,我刚想办法筹备了充足的军粮,怎么就退兵了呢?"回头他又上表给刘禅说:"诸葛丞相神机妙算,他假装粮尽退兵,其实是为了引诱魏军来追,好消灭他们。张郃不是就这样被灭掉了吗?"

用这种方法找补,只会越补越漏。诸葛亮看李严颠三倒四地混淆黑白,终于忍不住了。他把李严前后的表章拿出来,对照着给皇帝看。这下子李严完全露馅。其实,翻越秦岭给大军提供粮食,本来就是很艰巨的任务。加上夏末大雨冲毁道路,这是天灾,算不上罪过。然而,在军国大事上胡说八道,造谣生事,这却是大罪。李严没办法,只好磕头服罪。

诸葛亮就势进一步清算李严之前的问题,比如贪图权势,假公济私,要挟领导,不配合工作,等等。这些罪状全抖出来,李严当然不可能再坐二把手的位置。诸葛亮和群臣联名上表,罢免了李严的官爵,把他迁到梓潼郡去当个平民百姓。

不过，李严毕竟是刘备看重的大臣，也为国家做出过贡献。诸葛亮虽然罢了李严的官，但保留了他儿子李丰的官爵，还专门对李丰说："当初我和你们父子一起为汉室出力，现在希望你能好好宽慰令尊，改正以前的过错。虽然他被罢官了，但你还是朝廷重臣，你们家依然是一等一的大户。令尊也别灰心，说不定还能有重新出来做官的机会呢。"李严也只能怪自己先前得意忘形。他老老实实回家闭门思过，盼望有一天被诸葛亮重新起用。

过去李严是居于诸葛亮之下的二把手，他个性很强，权力欲很重，还不肯好好配合诸葛亮。李严所督管的江州和永安军队，诸葛亮也不方便调动。现在李严被免职了，诸葛亮的军政命令得以畅行全国，能更好地调度全国的人力物力北伐了。

第七节　五丈秋风终星落

建兴九年（231年）第五次北伐退回来后，诸葛亮琢磨了一下，这次战场上没吃亏，最后还是因粮食不够造成功亏一篑。这事儿也不全怪李严。拿一个州的地盘支撑这样大的军事行动，粮食还得翻越秦岭运那么远，稍微有一环出岔子就会断了供应。诸葛亮又想到前几次频繁出征，战果一次比一次好，但每一次也总难免损耗兵力和钱粮。自己五十多岁了，这样的机会还有几次？不如多准备一下，积蓄力量再出发。

于是从这年秋天开始，诸葛亮不再出师北伐，开始休养生息。一方面，他把临时征集的民夫放回家去，军队也参加耕种，卸甲归田或者组织军屯，又委派官吏，督促民众生产。另一方面，他打造了大量的军事装备，尤其是用于在山地运输粮草的木牛流马。农闲的时候，就组织军队训练，操练阵法。

休养生息的政策持续了三年。停战解放出更多的劳动力，粮食生产大为提升，蜀国又用蜀锦到魏国和吴国换了不少财物。从建兴十一年（233年）开始，诸葛亮把粮食从各地运到汉中，再从汉中往斜谷口运送，还沿着斜谷道修筑了许多军用堡垒，传递消息，运输粮食，供部队歇息。

诸葛亮一个人既要从全局考虑国家战略，又要做这些细致入微的琐事。手下人早劝他不止百十回了，可他总是放不下心，担心手下能力不够，或者不能像自己一样尽心尽力，于是什么都要自己抓。

三年一晃就过去了。蜀汉国内基本安宁，只有南中地区时不时乱一下，也被马忠、张翼等人平息了

这三年中，魏吴两国也在各自乱折腾。魏明帝曹叡看见诸葛亮不打过来了，他又想发兵打过去，但是内部意见始终不统一，最后还是没成。魏吴两国还争着拉拢辽东地区的军阀公孙渊。孙权不顾群臣的劝阻，派人封公孙渊为燕王，赐九锡，又用船从海路运过去很多财宝，想用财宝换公孙渊的马。结果公孙渊转过头和魏国勾结，把孙权的人杀了，把财宝也抢光了。除此之外，魏吴两国还在东边开战了。

第五章 北伐中原

到建兴十二年（234年）初，蜀汉老百姓休养生息得差不多了；军队训练到位，装备更加精锐，兵力也扩充了；斜谷口粮食堆积如山，大批木牛流马整装待发。第六次北伐可以开始了。

这次北伐，投入的兵力达到了十万以上，粮草储备也远比前面几次要充足。因此诸葛亮的战略也发生了变化。前几次北伐，多是从祁山方向绕过秦岭，攻击点放在雍州西部，试图蚕食那里的土地，站稳脚跟，然后往西进取凉州。而这一次，诸葛亮选择了走褒谷—斜谷。

这一路线出秦岭便是郿县（今眉县）、五丈原，距离长安百余里，是曹魏雍州防御的枢纽。六年前，赵云和邓芝从这一线北上，那是虚张声势，分散魏军注意力。而这一次，诸葛亮实实在在准备在长安附近和魏军决战。

诸葛亮还派遣使者，与东吴孙权取得联系，约定一起北伐。孙权很痛快地答应了。这样，又创下了三国时代第一次东吴西蜀同时大规模北伐的纪录。

农历二月，诸葛亮踏上了第六次北伐之路。一个月后，当诸葛亮带着十万大军还在斜谷栈道跋涉时，汉献帝刘协去世，时年五十四岁。其实在曹丕篡汉的那一天，这位大汉皇帝就已经从精神上死了。与他同龄的诸葛亮，却要继续为汉室的延续努力到底。

从汉中经过斜谷穿越秦岭直到关中，直线距离不过五百里，但诸葛亮随军携带了大批木牛流马转运粮食，足足走了两个月，初夏才出斜谷口。出了谷口，便是关中的渭河平原。诸葛亮带着十万蜀军，在郿县西边的五丈原安营扎寨。

这时候，司马懿也带着大军，在渭河南岸布下了营寨。与蜀军隔着渭河的支流武功水，东西对峙。

看着军容严整的蜀军，魏国将领们多少心中有点不安。唯有司马懿哈哈大笑："诸葛亮如果抢先占领郿县东边的武功山，长安就很危险了。可他毕竟胆小，在西边的五丈原扎营，没什么可怕的！"

司马懿这话是真心的还是鼓舞军心，说不准。如果蜀汉军真的往东几十里到武功山扎营，那前面是长安，背后就是郿县的坚固堡垒，到斜谷口的道路也有被截断的危险。诸葛亮终究是谨慎为先的。在主力决战的关头，他宁可持重。

司马懿正在得意，雍州刺史郭淮站了出来："且慢，我们必须赶紧抢占渭水北岸的北原。若是被诸葛亮抢先占领，渭河北岸就完全被蜀军控制了！我们的主力就被夹在渭河和秦岭之间了！"

司马懿跳起来，让郭淮赶紧去。郭淮带着本部人马急匆匆到北原，逼着士兵们修筑堡垒。正修得叫苦连天时，蜀汉军杀过来了。郭淮命人继续修堡垒，自己带一部分魏兵奋勇厮杀，好不容易打退蜀汉军，终于在北原把堡垒修筑起来了。

司马懿得到报告，擦擦额头上的冷汗，传令各处兵营严守营寨，绝对不许和蜀军交锋！两国几十万大军进入对峙状态。渭河和武功水形成"T"字形，郭淮占据上方，司马懿占据右下方，

第五章　北伐中原

把位于左下方的诸葛亮从两个方向封死。

五十四岁的诸葛亮费尽心力，屡次挑衅，试图引诱对手出来交锋，在战场上将其击败。但五十六岁的司马懿，更有耐心，更能隐忍。他不顾麾下将领背后的嘲讽，坚定不移地把龟缩战略贯彻到底。这是很基础的战略，然而又是很厉害的战略。司马懿一日不动，魏国在关中的这支大军就能一日保持威慑力，使得诸葛亮的下一步计划无法顺利执行。

几个月过去了，双方都没怎么开打。诸葛亮为了诱敌出战，派大将孟琰带领一支人马向东渡过武功水，在司马懿的大本营前安营扎寨。恰逢河水暴涨，司马懿也想趁势出击，他派一万多骑兵向孟琰的队伍进攻。孟琰依托营寨，顽强抵抗。这时候诸葛亮带着大军赶到武功水的西边，一边用强弩隔着河射对面的敌人，一面架设浮桥。司马懿一看浮桥快架好了，立马又收兵回营，坚守不出。

这期间，孙权出动大军三路北伐，已经被魏国打退了。魏明帝曹叡又派大将秦朗带着两万军队来帮助司马懿，让他继续守下去。

为了让司马懿出战，诸葛亮开始嘲讽他，他派人送去一套女人的衣服和饰品，告诉司马懿："你要是个男人，就出来战个痛快吧！"

司马懿拿到这套衣服，暗自冷笑。他装出勃然大怒的模样，召集众将："你们看看，诸葛亮居然这样羞辱我！"众将早已按捺不住，一起高呼："咱们去和诸葛亮拼了！"司马懿假装同意，当众写下了请战的表章，让人送到朝廷去。

曹叡收到请战的奏章，立刻派卫尉辛毗带着诏书来渭水大营，再次重申命令，禁止司马懿出战！

姜维得知这个消息，报告诸葛亮说："这下子司马懿不会出战了。"诸葛亮苦笑道："他本来就不会出战。将在外，君命有所不受，打不打是由前线指挥官决定的。如果司马懿真想和我交战，他哪里犯得着千里迢迢请示皇帝啊。请示皇帝，那是演双簧戏给他的部将看。"

这几个月中，司马懿让诸葛亮深深体会到了"有力无处使"的痛苦。诸葛亮素来谨慎，不容许自己采用更加激进和冒险的战术。依靠训练精熟的十万精兵，他可以在野战中取得优势，但面对坚壁不出的敌人，却是无从发挥。

《三国演义》中，诸葛亮用木牛流马诱敌夺粮，在上方谷火烧司马懿，这都是罗贯中编排的故事。真实的历史中，诸葛亮沥尽心血的北伐，到此走入僵局。

幸好这次北伐，原本就做好了持久的打算，粮食也还充足。

司马懿愿意耗，那就跟他耗下去吧。

诸葛亮开始种地。他把军队分成几部分，一部分继续和魏军对峙挑战，另一部分在渭水流域开垦土地，种植粮食。蜀汉军队的营寨和关中本地居民的房屋土地交错间杂。诸葛亮严格执行军规，不许军人欺负老百姓。四川来的士兵和陕西本地的老乡，各种各的田，在一起相安无事，还实行"军民互助"，真是其乐融融。

第五章 北伐中原

魏军看在眼里,急在心上:"这么下去,渭河平原岂不变成蜀汉的地盘了?"然而司马懿依然不动声色:"你们急什么。只要咱大军还在,雍州就不姓刘。诸葛亮爱在这里种地,让他种好了。"

司马懿打定主意和诸葛亮死耗,然而诸葛亮的健康却在一天天地恶化。他如此操劳公务,又不肯把事情委托给别人,事必躬亲,铁打的身体也吃不消。

司马懿无所谓,"死守不出"本来就不需要太费精力,何况,再输给诸葛亮几仗,司马懿也输得起。

诸葛亮却不能这样豁达。蜀汉是刘备亲手交付到他手中的,刘禅也是刘备拜托给他的。现在聚集在五丈原的这十万将士,是他几年中亲手训练出来的。而北伐的希望,也是他一点一点搭建出来的。

这不仅是他的心血,更是他毕生的理想。他注定要为此燃尽自己的生命。

诸葛亮的使者去魏营请战的时候,司马懿询问诸葛亮的日常起居。使者傻乎乎地回答说:"诸葛丞相每天很早就起来,很晚才睡,像打二十军棍这样的处罚,都要亲自过目,每天吃的饭食也就几小碗。"

司马懿笑了。等使者走后,他对魏将说:"诸葛亮吃得这么少,事务又如此繁杂,怎么可能长久坚持下去呢。"

果然,到农历八月,诸葛亮病倒了,而且病得不轻。

多年以来,他都是在透支健康,完全是依靠兴复汉室的信念,在强撑着一口气,拼命地干活。

现在这一口气终于撑不住了。他颓然地倒卧在病榻上。这一次,怕是起不来了。

蜀汉五丈原大营中的文武官员为了稳定军心,严格封锁着消息,不让士兵们知道。

消息还是传到了渭水南畔的魏军寨中。司马懿压根不理睬。谁知道是不是诸葛亮想骗他出战?

成都的皇帝刘禅知道这事,慌了。诸葛丞相要死了,国家怎么办啊!他赶紧派尚书仆射李福前往五丈原探望诸葛亮的病情。李福急匆匆从成都赶到汉中,又从汉中穿越斜谷赶到五丈原,进了大营,已经慌得话都说不清楚了。

倒是诸葛亮,虽然脸色憔悴,还是不紧不慢地交代国家大事。交代完后,李福就赶紧转身回成都去复命。结果才走两天,又满头大汗地跑回来了。

诸葛亮微微一笑:"我正等着你呢。前两天说得太急了。你要问的人,蒋琬最合适。"

李福一边擦汗,一边上气不接下气地说:"没错,我就是忘了问,万一您不行了,谁能接替您。那么,蒋琬之后,谁来接替好呢?"

诸葛亮沉吟片刻,说:"费祎吧。"

李福很聪明地又追问了一句:"那费祎之后呢?"

诸葛亮缓缓闭上眼睛,再也不说什么了。

不久,诸葛亮病逝于军中,享年五十四岁。

第六章

诸葛大名垂宇宙

第一节 诸葛亮的身后事

蜀汉建兴十二年（234年），诸葛亮病逝于北伐前线。他临终留下遗命，全军从斜谷撤回汉中。自己如果死了，北伐中原的梦想恐怕难以实现，不能再让十万将士白白流血了。在强敌面前撤退，难度是很大的，所以诸葛亮任命处事能力最强的长史杨仪负责撤军。断后的任务交给征西大将军魏延，断后第二阵由姜维率领。

然而魏延不服。他说："军中除了丞相，数我官最大。杨仪只不过是个文官，让他带着丞相的遗体回汉中，我带大军留下来继续打！"他还逼着费祎和自己一起联名发告示，号召大家跟着他继续北伐。费祎找个借口溜回中军大营，找到杨仪、姜维一合计，魏延既然不听遗命，那就不理他，咱们自己走！魏延听说中军丢下自己跑了，气得暴跳如雷，带着前军也往南边赶。

这时候司马懿也听说了消息，觉得这次诸葛亮可能真死了，就起兵追赶。半路上被姜维、杨仪猛杀个回马枪，司马懿吓得赶紧后退，逃回自家大营。附近老百姓纷纷说，死诸葛把活司马吓走了！司马懿听了，也就是笑了笑："我能算准活着的诸葛亮，可算不准死了的诸葛亮。"等确认蜀汉撤军后，他亲自到五丈原一带的蜀军营地，查看营垒的布置。看完后，叹息道："诸葛亮实在是天下奇才！"

蜀汉第六次北伐，至此完全收尾。

魏蜀之间的战争告一段落，魏延和杨仪的内斗却没完。他俩分别向成都报告，都说对方造反。魏延带着前军，抢在杨仪大队前往南跑。他一路跑，一路竟然把沿途的栈道和诸葛亮先前建造的军事设施都烧毁了，这简直是要置主力部队于死地。魏延因为私人恩怨，违背诸葛亮遗命，威胁主力的生存，已经等同于造反了。这消息传到成都，蒋琬、董允都认为是魏延不对，调集成都的卫戍部队准备去堵截魏延。

没等他们赶到，魏延和杨仪已经打了一场内战。魏延虽然烧毁栈道抢先赶到汉中，但杨仪的大队人马也开辟山路，紧跟着赶到。两军在汉中北面的南谷口遭遇，王平出来怒喝魏延："诸葛丞相尸骨未寒，魏延你就这么胡作非为，对得起丞相在天之灵吗！"魏延的士兵们一听，纷纷倒戈。魏延只剩孤家寡人，带着儿子奔逃，被杨仪派马岱追上杀了。

杨仪杀了死对头魏延，还夷灭了他的三族。可杨仪这个心胸狭隘的家伙也没落得一个好下场。他觉得诸葛亮死了，应该自己掌大权，谁知刘禅按照诸葛亮的遗命，用了蒋琬。杨仪到处抱怨朝廷，甚至说："当初丞相死时，我要是带着军队投降魏国，现在不至于这么委屈，我真后悔！"这话犯了大忌讳，

第六章 诸葛大名垂宇宙

于是杨仪被免官为民。他还不老实，口出怨言，终于被逼着自杀了。

诸葛亮去世后，根据他的遗命，在汉中定军山下葬。没有营建很大的墓，只是靠着山坡挖了个墓穴，刚刚放得下棺材。棺材里也就是普通的衣服，没什么陪葬的器皿，总之是相当简朴的葬礼。

诸葛亮在临终的遗表中，希望后主刘禅能够"清心寡欲，约己爱民；达孝道于先皇，布仁恩于宇下，提拔幽隐，以进贤良；屏斥奸邪，以厚风俗"。他除了家里的十五顷薄田和八百株桑树，没有什么私财。

刘禅下诏书，表彰了诸葛亮的功劳，将他比作伊尹、周公。最后给诸葛亮上了谥号——忠武侯。得知丞相去世的消息，整个蜀汉境内，官吏、民众、士兵都哭声动地。因为诸葛丞相立身以正，处事以公，奉国以忠，底层的军民都被这润物无声的魅力所感染。

狂士廖立，当初因为攻击朝廷，被诸葛亮罢官放逐到汶山。他听到诸葛亮去世的消息，泪如雨下道："诸葛丞相去世了，看来我只能一辈子在这荒凉的地方待着了。"同样被诸葛亮罢官回家的李严，竟然难过得发病而死。他原本希望诸葛亮可以恢复他的官职，让他将功补过，如今这希望也破灭了。

当然，也有人会跳出来落井下石。他就是广汉狂士李邈。当初他得罪刘备，差点被杀，是诸葛亮把他保了下来。现在诸葛亮去世，他兴高采烈地给刘禅上了一个报告，大意是："诸葛亮身为朝廷重臣，带着军队在边境，我一直害怕他祸国殃民。现在他终于死了，真是可喜可贺啊！"皇帝刘禅正伤心，一听这家伙把丞相说得如此恶毒，气得把李邈下监狱杀了。这次可再也没有诸葛亮来保他了。

诸葛亮之死，让魏国大大地松了一口气，曹叡觉得最大的威胁没了，开始放开胆子吃喝玩乐，大修宫殿，群臣再三劝谏，他也不听。魏国君臣甚至觉得诸葛亮死了，军备都可以放松了。

诸葛亮在世时，蜀汉的军政大权他一把抓，皇帝刘禅有吃喝玩乐的自由。现在诸葛亮死了，刘禅自己开始管事。他任命蒋琬为大将军，后来又晋升为大司马，作为诸葛亮的继任者；费祎为尚书令，后来又晋升为大将军，作为蒋琬的助手。这两人配合不错。蒋琬当政十二年，基本没有对魏国用兵，主要在积累国力。

延熙九年（246年）冬天，大司马蒋琬去世，大将军费祎成为军政一把手。费祎继承蒋琬的政策，以对内发展为主。卫将军姜维几次北伐，但费祎并不是很支持他，每次给姜维的兵力不过万人左右。

费祎当政六年后，在延熙十六年（253年）初被刺杀身亡，军权从此落到姜维手中。姜维是武将出身，一心想用战争兴复汉室，北伐规模一次比一次大。他的北伐和诸葛亮大不一样。诸葛亮是先准备充分再动手，尽可能求稳，每次不一定有太大的战果，但除了第一次外，也没多少损失。姜维则是敢冲敢打，打好了一次歼灭好几万魏军，打差了自己也是死伤惨重。这么

第六章 诸葛大名垂宇宙

折腾几次，看上去战果不小，但蜀汉的国力也消耗得更快了。

雪上加霜的是，董允死后，刘禅宠幸宦官黄皓，军政大员不和，朝政混乱，弄得"民有菜色"①。

同一时期，魏吴两国也都开始内乱。魏国在249年发生高平陵之变，司马懿杀死曹真的儿子曹爽，从此魏国的权位落到司马氏手中。司马氏父子废曹芳，杀曹髦，又把曹魏忠臣一一剪除。吴国也接连发生诸葛恪、孙峻、孙綝的专权，皇帝孙亮被废黜。

蜀汉景耀六年（263年），司马懿之子司马昭派大将邓艾、钟会等率领十八万大军分路攻蜀，刘禅投降，蜀汉灭亡。蜀汉虽然占据了地势险要、易守难攻的天府之国，但从没甘心偏安一隅，而是始终以天下正统自居，力图光复旧疆国，不断北伐中原。这个国家延续的时间也比后世所有满足于"固守本地""休养生息"的蜀地政权要长久。从这一点上，我们可以看出诸葛亮坚持不断北伐的高明之处。

刘禅投降后，姜维还不服输，劝说钟会造反，最后姜维、钟会、邓艾都死于动乱中。265年，司马懿的孙子司马炎废黜魏国皇帝曹奂，建立晋朝，并在280年灭掉东吴，一统天下。诸葛丞相一生守护的国家，和他想要打倒的敌人，几乎是同时退出了历史舞台。

---

① 民有菜色：形容因饥饿而显得营养不良的样子。

第二节　刘备庙变成武侯祠

中国的老百姓,对自己喜爱和尊敬的人物,往往会立庙来纪念。诸葛亮死后,蜀汉各地纷纷要求给丞相立庙。刘禅虽然也很尊敬和怀念相父,但还是有点犹豫。他询问了负责礼仪的官员,得知给大臣立庙不符合礼法,就驳回了这一要求。

但是,朝廷管得住庙,管不住人。蜀汉各地的老百姓,包括边远地方的少数民族,总要找个方式表达自己的敬意和哀思。朝廷不让立庙,他们就自己来。逢年过节,人们纷纷在街头巷尾或者路边点蜡烛、插香火,祭拜诸葛丞相。于是每到节日,路边都香烟缭绕。

有官员觉得这么下去不合规矩。他们建议,要不就在成都给诸葛亮立一座庙,让大家有个正规祭祀的场所。后主刘禅还是不同意。

这事儿就这么拖下去,老百姓年年在街头巷尾祭祀,有些官员也偷偷参加。这种民间自发的祭祀活动一直持续了二十多年,终于有人忍不住了。步兵校尉习隆和中书郎向充(向宠的弟弟)给后主刘禅打报告说:"西周时候老百姓怀念召公,连他在树荫下坐过的甘棠树都不忍心砍伐;越王勾践感激范蠡的功劳,专门铸造他的铜像。这几百年来因为有些小善小德而被立庙纪念的人很多。诸葛亮的德行足以为天下的楷模,功勋彪

第六章 诸葛大名垂宇宙

炳后世,咱们汉室还能保存,实在全靠他。现在不给他立庙,使得老百姓在街头巷尾祭祀,少数民族在野外烧香,这不成体统。当然,陛下的顾虑也是有道理的,如果完全顺应民意,到处立庙,不符合礼仪;如果在成都立庙,又会抢了成都皇室祖庙的风头。所以我们商量了个主意,可以在汉中诸葛亮的墓地附近立一座庙,使他的亲属可以按时去祭奠,而官员和崇拜者要去祭祀,也都必须到那个庙去,禁止民间偷偷祭祀的行为,这样也是符合礼仪的。"

刘禅准了。景耀六年(263年)的春天,朝廷在汉中给诸葛亮立了一座庙。就在这一年秋天,魏国的镇西将军钟会带着大军杀到汉中。随即蜀汉就灭亡了。

当初刘禅因为害怕诸葛亮庙的风头压过蜀汉皇家祖庙(就是刘备的庙),所以没有批准在成都建庙。他这种顾虑最后也成了笑话。诸葛亮的庙不在成都,但成都有汉昭烈帝刘备的庙。而刘备的庙里,有蜀汉大臣的像,其中包括诸葛亮的像。因此,成都一带的老百姓嫌汉中太远,纷纷跑到刘备的庙里去祭祀诸葛亮。时间长了,原本的"汉昭烈庙",成为成都的风景名胜,也就是大名鼎鼎的"武侯祠"。

史书上记载,诸葛亮有三个儿子。

年龄最大的是养子诸葛乔,他本来是诸葛瑾的儿子。琅邪诸葛氏兄弟中,诸葛亮在蜀汉为相,诸葛瑾在东吴为大臣,他们的族弟诸葛诞在魏国为大将,后来为了维护曹魏皇室,讨伐司马氏,兵败而死。当时称"蜀得其龙,吴得其虎,魏得其狗"。

诸葛亮与黄夫人结婚二十年没有孩子，因此过继侄儿诸葛乔当作自己的后代。诸葛乔在蜀汉官至驸马都尉，建兴六年（228年）就去世了，年仅二十五岁，留下了一个儿子诸葛攀。后来东吴发生政变，诸葛瑾的长子诸葛恪被杀，诸葛瑾这一系的子孙也全都惨死。过了几年，诸葛恪得到昭雪平反，这时候诸葛亮已经有了后人，诸葛攀就回到东吴，作为亲爷爷诸葛瑾的香火传人。

第二个儿子诸葛瞻，是诸葛亮的亲生儿子。诸葛亮老来得子，建兴十二年（234年）最后一次北伐时，诸葛瞻年仅八岁。诸葛亮忙于公务，也没工夫教育儿子。他曾给哥哥诸葛瑾写信说："瞻儿聪慧可爱，但是懂事太早，恐怕反而会不够稳重，难成大器。"诸葛亮去世后，刘禅对诸葛瞻非常好，把女儿嫁给他，又不断给他升官。景耀四年（261年），诸葛瞻已经官至卫将军平尚书事，军政大权一把抓。蜀汉老百姓敬爱诸葛亮，爱屋及乌，对诸葛瞻也是推崇备至，甚至每当朝廷有了一项利国利民的政策，大家都在坊间传言，这一定是诸葛瞻提出来的。

到景耀六年（263年），魏国大举伐蜀，邓艾带数万精兵从阴平小路杀入成都平原。诸葛瞻带着成都的卫戍部队去交战。随行的有黄权的儿子黄崇、张飞的孙子张遵，还有诸葛瞻自己的长子诸葛尚等。

三十七岁的诸葛瞻基本没什么行伍经验。黄崇劝他赶紧进军占据险要位置，他都犹豫不决。而邓艾当时已经六十多岁，是三国后期第一流的名将。双方的对比就好比当初街亭的马谡对张郃。诸葛瞻面对邓艾的劝降，怒斩使者，出兵决战，一度杀败邓艾的儿子邓忠，但最终还是兵败。诸葛瞻、黄崇、张遵连同诸葛尚，都在军前战死。随后，诸葛瞻的岳父刘禅投降，蜀汉灭亡。诸葛瞻的次子诸葛京，跟随投降的后主刘禅去了魏国，后来在晋朝当官，颇有政绩。传说诸葛瞻还有第三子诸葛质，在亡国后逃亡南中地区，投奔孟获的儿子孟虬。

诸葛亮的第三个儿子叫诸葛怀，在蜀汉灭亡后隐居乡里。后来晋朝准备把前朝名臣的子孙都找出来封官。晋朝官员找到了诸葛怀，诸葛怀谢绝了封赏，继续过着平淡的田园生活。

此外，民间还传说诸葛亮有个女儿叫诸葛果，自幼跟随诸葛亮习得奇门遁甲等道术，在府中修仙坐化。但这个基本就是纯粹的神话故事了。

第三节　历代推崇诸葛亮

诸葛亮不但在蜀汉存续的时候，得到百姓的尊敬，而且这种尊敬一直持续到今天。传说诸葛亮去世一百余年以后，东晋大将桓温进入四川，遇上一个一百多岁的老头子，曾经当过诸葛亮手下的小吏。桓温是最喜欢攀附古人的，他问老头："诸葛亮和当代的哪位英雄可以相提并论啊？"他指望这个老头子吹捧他"您就是当今的诸葛亮"，也好给自己增加名望。

结果老头子回答："诸葛亮在世的时候，大家都不觉得他有多了不起。但等他去世后,这么多年里,真的就再也找不到可以和他相比的人了。"

诸葛亮的才能固然很高,但中国几千年历史能人辈出,诸葛亮未必拔尖。但是,他这么多年身居高位,独揽大权,却能够忠心为国,这种品德确实非常难得。就拿三国时期其他的权臣和少年君主的关系相比,比如魏国的司马懿父子和曹芳、曹髦,吴国的孙峻兄弟和孙亮、孙休等,都是刀兵相见。这么一比较,诸葛亮和刘禅这种情同父子的关系真是绝无仅有。

因此,不仅本地老百姓尊敬他,就连敌国的对手也颇推崇他。

诸葛亮死后三十年蜀汉就灭亡了,统一天下的是晋朝。晋朝开国皇帝司马炎,是逼着魏国末代皇帝曹奂"禅让"才当的皇帝,所以把魏国当作正统,蜀汉属于敌对国家。同时司马炎的爷爷司马懿,当初和诸葛亮对打过两次。从这个角度看,诸葛亮是彻头彻尾的敌人,但是晋朝官方对诸葛亮的评价很高。

西晋初年,谯周的学生陈寿编写三国历史。陈寿的父亲曾是马谡手下的官员,因为街亭之败被诸葛亮惩罚过,后来陈寿和诸葛瞻又有矛盾,按说诸葛亮家也是和陈家有仇。然而陈寿专门给晋武帝司马炎上了个折子,讲诸葛亮的故事。这个折子里面说诸葛亮从小就英俊有才能;说赤壁之战全靠诸葛亮联络孙权,才打败了曹操;说诸葛亮治理益州,简直就是千秋圣贤;最后还把老百姓对诸葛亮的怀念说得发人深省,催人泪下。司马炎看了,非常感慨,说:"要是我的大臣中能有这样的人

第六章 诸葛大名垂宇宙

就好了!"(原文:善哉!使我得此人以自辅,岂有今日之劳乎?)

另一位叫袁准的,担任晋朝的给事中。他在《袁子正论》中专门写了长篇,不遗余力地赞美诸葛亮,还就质疑诸葛亮的问题进行了一一解答。尤其针对诸葛亮对司马懿的战争,他认为:虽然最终诸葛亮是无功而返,但那是因为魏国的国力远远比蜀汉强大。诸葛亮拿着这么少的兵力,打到渭水流域,司马懿居然不敢出来,这表明诸葛亮的能力远远超过司马懿。

公元四世纪初,西晋镇南将军刘弘参观诸葛亮的隆中故居后,专门立了一块碑,并请文士李兴写了碑文,里面都是歌颂诸葛亮的话,非常华丽。碑文前面描述诸葛亮的功绩,后面更是竭力地大呼"英哉吾子,独含天灵……异世通梦,恨不同生",甚至祈祷"今我来思,觊尔故墟。汉高归魂于丰、沛,太公五世而反周……魂而有灵,岂其识诸!"希望能够和诸葛亮的灵魂交流。

这些晋朝官员,都是把诸葛亮当作榜样的。

晋朝统一后,很快是八王之乱、五胡乱华,后来又是南北朝分裂对峙。这几百年乱世,天下打成一锅粥,争权夺利、背信弃义、翻脸噬主、涂炭生灵的事情比比皆是,诸葛亮这样的道德楷模就更显得神圣。前秦的皇帝是氐族人苻坚,他与手下的汉人谋士王猛推心置腹,就自比为刘备,将王猛比作诸葛亮。

再往后,诸葛亮的地位越来越高,他的形象也越来越光辉。唐朝大小诗人们就以诸葛亮为题材,写了很多名篇。最著名的是"诗圣"杜甫的《蜀相》《八阵图》《咏怀古迹之五》等。杜甫对诸葛亮毫不吝惜赞美之词,如"三顾频烦天下计,两朝开济老臣心",如"功盖三分国,名成八阵图",如"诸葛大名垂宇宙,宗臣遗像肃清高",等等。

诸葛亮的军事才能,相比于他的政治才能是弱一些的。但他的军事才能也在后世逐渐被人认可。

公元731年,唐玄宗准备比照孔夫子的"文庙",建立"武庙",祭祀历史上的军事家。选定的庙主"武成王"是助周灭商的姜太公,又从历朝选了十个人来分列两边。

这十个人包括春秋战国时的孙武、田穰苴、吴起、乐毅、白起;汉朝的张良、韩信;三国的诸葛亮;以及唐朝的李靖、李勣。这里面的大部分人,要么是划时代的军事理论家,要么是胜绩无数的名将,诸葛亮作为三国时期的唯一代表,得以位居其中。

等到782年,唐德宗对武庙"扩编",将祭祀人扩大为七十二个,这才把皇甫嵩、关羽、张飞、张辽、邓艾、周瑜、吕蒙、陆逊、陆抗、羊祜、杜预等人加了进去。这些人都是从东汉末年到西晋初年一等一的名将,不少人的作战实绩超过诸葛亮,但在武庙中的位置排在了诸葛亮后面。

宋以后,主流的三国史观,逐渐从以曹魏为正统,转向以蜀汉为正统。这就让诸葛亮除了原本的干练、忠诚、廉洁、坚韧的品质之外,又多了"维护正统"的一道光环。随着以《三国演义》为代表的诸多文艺作品问世,诸葛亮的形象更是深入人心，成为中华文明智慧的象征。

明清时，朝廷建有历代帝王陵庙，祭祀前朝的著名帝王，还用了一些忠臣来配享。明朝时，这座陵庙祭祀三十多个帝王，配享三十多个大臣。其中三国君主一个没入选，三国大臣只列入一位，就是诸葛亮。清朝初期，帝王数精简为二十一个，大臣增加到四十一个，六十二人中依然只有诸葛亮作为三国的唯一代表。直到1722年，康熙皇帝大笔一挥，把祭祀的帝王增加到一百多个，忠臣增加到八十一个，刘备和赵云才名列其中。蜀汉三人组成了三国的代表。

第四节　文艺作品中的诸葛亮

进入宋元后，中国的民间文学非常发达，出现了不少描写历史故事的杂剧，其中很多以三国为题材，而诸葛亮更是其中的主角之一。这些民间艺人对诸葛亮进行了各种美化。在他们的合力下，一个与历史上诸葛亮形象差异颇大的"活神仙"被塑造出来了。

历史上的诸葛亮，主要是内政能力很强，道德水平很高。单说军事方面的才能，他其实治军很厉害，但打仗没有那么强，而"出奇制胜"其实是诸葛亮的短板。但是在文艺作品中，诸葛亮的道德、内政能力和治军能力基本都被一笔带过，或者只是简单描写。相反，他们花了大量的笔墨，描写诸葛亮如何用兵如神,百战百胜。而在这些虚构的战例中,花样翻新的"奇谋诡计"又变成了最重要的情节。

　　再后来,明朝作者罗贯中在民间传说的基础上,写成了四大名著之一的恢宏巨著《三国演义》。《三国演义》中塑造得最好的三个人物形象,被称为"三绝",就是奸雄曹操、良将关羽和贤相诸葛亮。其中,小说中曹操和关羽虽然有艺术夸张的成分,但基本上他俩的能力结构、优缺点等,都和历史上的曹操、关羽差别不大。唯有诸葛亮,被罗贯中进行了全面的美化,成为第一主角。

　　《三国演义》有多个不同的版本,咱们以现在流传最广的清朝毛宗岗删改本《三国演义》为例。毛本《三国演义》一百二十回书中,有五十九回和诸葛亮相关,而单就在这五十九回的标题里,"诸葛亮""武侯""孔明""卧龙"等关键词就出现了三十六次。罗贯中一方面从史书中找出诸葛亮严明治政、为国尽忠的感人描写,另一方面参考民间传说和杂剧评话,杜撰了大量精彩绝伦的军事表现、奇谋诡计,从而写出了一个智谋无双的诸葛亮来。

　　需要说明的是,《三国演义》不同版本中的诸葛亮形象也有差别。罗贯中在写《三国演义》时从民间文学中吸取了大量素材,顺便也把民间故事里诸葛亮的形象搬了一部分进来。在明朝嘉靖年间的《三国志通俗演义》(二百四十回本)里,诸葛亮有些事做得还是很可怕的。比如,书中写诸葛亮认定魏延"脑后有反骨",必然要造反。因此在上方谷火烧司马懿时,

第六章 诸葛大名垂宇宙

诸葛亮竟然安排马岱把派去诱敌的魏延一起烧死。所幸天降大雨,司马懿保住一条命,魏延也趁机逃脱。魏延回来面见诸葛亮评理,诸葛亮又把责任全推到马岱头上,还装模作样要斩马岱。接下来,诸葛亮又吩咐马岱私下去跟魏延说,是杨仪让他烧魏延的。马岱由此骗取了魏延的信任,魏延还主动要求把马岱调到自己身边。这样,诸葛亮终于成功在魏延身边安排了一个卧底,并在最后趁其不备斩了魏延。这一连串计策只为对付一个"日后必反"的自己人。这一段描写的诸葛亮简直就是不择手段,令人发指。

到了清朝,毛宗岗对《三国演义》进行整合时,把这些有损诸葛亮形象的部分删去,形成今天市面上通行的一百二十回版本《三国演义》。毛本《三国演义》里诸葛亮的形象,不但能力上智谋无双,用兵如神,而且人品上也如圣贤般。当然,里面迷信的剧情还是不少。比如"夜观星象而知天命"、奇门遁甲,还有禳星借寿之类的传说。

《三国演义》对民众的影响力是很大的。在古代,出版业没现在那么发达,更没有无所不包的互联网。老百姓大多数不识字,不会查史书,只会听故事。甚至一般的文人,了解那段历史也是通过翻《三国演义》,没几个人会去买本《三国志》回来研究。因此罗贯中、毛宗岗笔下的诸葛亮,也就逐渐成为国人心中的诸葛亮形象,并浓缩成中华文化的一个符号。

于是,称赞他人聪明,就说"赛诸葛"。众人一起出主意,叫"三个臭皮匠,顶个诸葛亮"。凡是自视甚高的文人、儒将,也爱自比诸葛亮。一个原本"治戎为长，奇谋为短"的政治家，却渐渐演变成为智慧的化身。

关于诸葛亮的故事，以及诸葛亮死后发生的一些事情，我们讲到这里就差不多了。

那么，诸葛亮到底是怎样的一个人物呢？

在他活着的时候，无论是蜀汉本国的君臣、军民，还是同盟吴国乃至敌对国魏国的人，多数人对他的评价都是一位能臣、忠臣，但也有人说他的坏话，比如魏延说诸葛亮胆小懦弱，李邈更暗示诸葛亮有篡位的野心。

在他死后的一千多年中，多数人都崇敬他的忠诚、勤勉，夸赞他治理国家的能力。但也有人指责他犯下的种种错误，认为他的军事能力不行，认为他要为蜀汉的灭亡承担责任。

在罗贯中写出《三国演义》并流传之后，诸葛亮成为大众心目中的"活神仙"和智慧的化身，《三国演义》中诸葛亮的形象压过了历史上真实的诸葛亮的形象，甚至渐渐使他走上"神坛"。

而在最近几十年，随着各种关于三国历史的书籍和网络文章的传播，很多人在纠正《三国演义》错误的同时，又矫枉过正，把"黑"诸葛亮当作显示自己历史水平的手段，甚至无中生有地编造许多故事，给诸葛亮安上了许多莫名其妙的罪名。比如说诸葛亮的军事能力完全不行，说诸葛亮对魏延嫉贤妒能，说诸葛亮不自量力北伐，是造成蜀汉灭亡的罪魁祸首，等等。

在这种铺天盖地的攻击之下，反而又涌现出一大群"诸葛亮粉",他们引用历史资料,对前面列举的那些攻击言论进行反驳。感动他们的,除了诸葛亮治理蜀汉的功绩,更多的还是诸葛亮身上那种富有理想化色彩的坚持与忠诚。

总之,诸葛亮就是这样一个富有争议的人物。

他早已消失在历史的尘烟中。他守护的政权,他想要复兴的王朝,他想要打倒的敌人,都已经化为历史的尘埃。但他的名字,他的事迹,他引起的这些讨论,他身上蕴含的精神,依然在中华文明的长河中万古长流。